藍學堂

學習・奇趣・輕鬆讀

東大教授的總體經濟學課

圖解

了解國家的經濟運作，
如何影響企業發展、物價漲跌和你我的投資理財

>>>> 超速 >>>>
経済学の授業

井堀 利宏 —— 作者

譯者 —— 蔡緯蓉

在閱讀本書前……
前情提要

這本書有什麼**特色**呢？

本書的 3 大重點

Point 1

精心挑選商務人士
都應該知道的經濟知識

>> 再忙的人，只要花 3 小時
閱讀就能理解！

Point 2

以簡單好理解的方式介紹
經濟學的「原理、原則」

>> 獲得 10 年、20 年後
都可使用、終身受用的知識！

Point 3

與學生和老師一起
以課堂形式學習經濟學

>> 困難的總體經濟知識
也可以順利記住！

Plus

由東京大學榮譽教授、
著作熱銷 100 萬冊的作者為大家解說

這本書涵蓋了什麼內容？

通貨膨脹與通貨緊縮　第 32 頁
貨幣寬鬆與貨幣緊縮　第 66 頁
利率與政府公債　第 90 頁
本國貨幣升、貶值　第 106 頁
經濟成長關鍵字　第 138 頁
全球化與反全球化　第 174 頁
戰爭與經濟　第 214 頁
公共工程與減稅　第 244 頁

因為書中選擇了對日常生活有用的經濟話題，就能讓你把社會看得更清楚！

井堀利宏 老師
東京大學名譽教授

你將獲得預測未來的能力
知道美國和日本等國的經濟將如何發展

推薦給以下這三種人！

① 希望以自己的方式理解世界新聞大事

② 想學到經濟學的教養知識

③ 希望獲得有益於股票與不動產的知識

登場人物介紹

本書中,我們將以教師和學生的一對一課程形式進行。
老師是日本頂尖的經濟學家之一,
學生則是不擅長經濟學的 20 多歲上班族。
在開始上課前,先來看看他們各自的簡介吧!

井堀利宏 老師

經濟學家。於知名的東京大學任教 20 年,培育了 6,000 多名將引領日本未來的學生。目前積極從事寫作和演講工作。本書以「在職成年人都應該知道的、對日常生活有幫助的經濟學知識」為主題,精心挑選經濟學的重要主題。興趣是和虎皮鸚鵡小 P 一起玩耍。

學生

完全沒學過經濟學、已累積不少工作經驗的 28 歲上班族。接近 30 歲的此時此刻對金錢和社會運作產生興趣,決定從頭開始研究。由於平日工作的關係,沒有時間學習,所以參加了這堂經濟學課程。希望未來可以投入股票和房地產等其他投資領域。

CONTENTS

推薦序

本書讓你高效學習與你有關的總經基礎　　Joe　　9

一本專為總體經濟學新手打造的入門書　　許繼元　　11

前言　　13

0 period
課前暖身
經濟學是在人類社會的思考實驗

經濟學有什麼用？　　16

將虛構世界的思考實驗，應用在現實世界　　21

誰控制複雜的經濟活動？　　24

1st period
第 1 堂課
通貨膨脹與泡沫經濟的基本知識

了解 Netflix 和超市的定價結構　　28

什麼是好的通貨膨脹？　　32

什麼是壞的通貨膨脹？　　36

世界各地的惡性通貨膨脹衝擊　　40

通貨緊縮讓商品變便宜，為什麼不好？　　45

泡沫經濟的結構與龐氏騙局一模一樣　　49

日本為何會出現泡沫經濟，又是如何破滅的？　　55

為什麼利率一上升，資產價格會下跌？　　61

2st period
第 2 堂課
復甦景氣的貨幣政策

了解貨幣政策，就能預測本國和外國的經濟	66
透過公債和利息，掌握世界脈動	70
公開市場操作和政策利率操作有什麼不同？	75
為什麼央行傾向維持 2% 通膨率？	79
政府和央行攜手實行的超常規寬鬆貨幣政策	84
「搞懂經濟學大小事」：不僅關心流量，也留意存量價格動態	88
公債利率上升，將對全球經濟產生負面影響	90
公債利率下降，銀行將陷入困境	95
如果銀行倒閉，存款怎麼辦？	100

3st period
第 3 堂課
貨幣貶值或升值，哪個比較好？

了解貨幣貶值和升值的基礎知識	106
本國貨幣貶值和升值各有什麼優缺點？	110
匯率如何決定？	115
利率差距影響短期匯率	118
經常帳收支影響長期匯率	120
只要看貨幣強弱，就能清楚了解國家經濟	126
貨幣升值或貶值，哪個比較好？	132

4 st period
第 4 堂課
該怎麼做，經濟才能成長？

從 YouTuber 思考經濟成長	136
經濟成長最重要的關鍵字	138
利用技術進步指標「TFP」，分析日本經濟弱點	143
「失落的 30 年」與「失去的 20 年」	149
日本做什麼，才能擺脫低經濟成長率？	157
從 1990 年代的美國，發現讓日本經濟成長的線索	163

5 st period
第 5 堂課
全球化停滯了嗎？國際貿易的新結構

日本動漫輸出是全球化現象之一	174
讓生活更加富足的理想貿易情況是？	179
從關稅看日本的貿易立場	184
自由貿易可能導致國際衝突	188
「反全球化」催生新經濟圈	192
為什麼最適通貨區域的經濟相當活躍？	197
英國脫歐的代價：經濟復甦緩慢	202
威脅國家存亡的新問題正在世界醞釀	205

6 st period

【第 6 堂課】
從經濟學看戰爭

從經濟學角度看戰爭,就有新見解	214
為什麼要打仗?侵略國的企圖與現實差距	217
戰爭中的周邊國家,容易產生經濟效益	222
觀察公債,預測戰爭走向	225
靠重建來開闢戰後的經濟發展之路	230
金本位制與昭和經濟危機,引爆美日戰爭	233
明知道會輸,為什麼仍繼續挺進戰事?	239

Special lessons

【課後學習】
財政政策如何大幅改善經濟?

透過公共工程和減稅,重振經濟	244
財政政策比貨幣政策更好懂	249
為什麼大家不期待公共工程?	252
減稅救經濟是正解嗎?	258
「搞懂經濟學大小事」:政府應該提高消費稅嗎?	262
大家對財政政策的偏見	264

後記	270
附錄:台灣情況	271

推薦序
本書讓你高效學習與你有關的總經基礎

Joe

　　總體經濟是一個龐大的學術系統,這對於非經濟學相關背景的讀者來說,經常是較難理解的知識。總體經濟學是研究關於一大群人的經濟行為,但群體的行為很難精準預測。例如物價下跌了,人們的直覺是,打折能吸引人們消費得更多,可以增加內需消費,但是當長期物價下跌時,結果卻可能造成整個社會的消費動能漸失,對內需消費不利。這對一般讀者來說,明明覺得是一樣的情況,但結論卻是天差地遠。

　　一般讀者要透過閱讀理解有些經濟學名詞或國際關係的詞彙,例如公債利率、經常帳、全球化、保護主義、國家財政等是不容易的。在目前美國總統川普(Donald Trump)執政的第二任時期,全球地緣政治、關稅、貿易戰風起雲湧,想要解讀總體經濟的脈絡,又得去了解許多上述的詞彙,其中包含很多經濟學相關的詞彙,例如稅、通貨膨脹、升息。其實這些都是日常生活的重要資訊,**大家懂得這些知識不一定能獲得額外的利益,但至少有機會減少一些損失**。例如,當讀者掌握通貨膨脹造成的實質購

買力遞減的概念後，了解通貨膨脹對生活的影響，才會意識到自己得做些預防的措施。現代人熟悉的方法是長期投資指數 ETF 或股票來克服通貨膨脹，但資產價值的波動也會面臨風險，所以讀者需要具有基本的經濟學知識。

我平常就很鼓勵，人們從小學階段就開始逐漸接觸初階經濟學，然後中學以後開始擴大到總體經濟。人們不能等到需要貸款買房買車了，才去認識利率；入社會工作了，才去認識稅率和規則，這都還只是發生在生活周遭的初階經濟常識。

如今的社會瞬息萬變，國際上發生什麼事情，影響力幾分鐘內就會遍布全球證券市場。對於普羅大眾來說，不可能像經濟學或商學的大學生，花長時間去研讀艱澀的經濟學原理，雖然普羅大眾不用面對經濟學考試，但進入社會以後的人生歷程，三不五時都在面對經濟學的歷練。井堀利宏教授提供了一本**相對淺顯易懂的工具書，透過簡易的例子和解說，讓讀者快速了解總體經濟的許多概念**。了解整個經濟學資料庫太困難了，也沒有必要，但**理解生活周遭可能遇到的經濟原理與國際經濟現象**，我認為是必要的，閱讀這本工具書也能高效率的達成。

（本文作者為 Joe's investment 作者）

推薦序
一本專為總體經濟學新手打造的入門書

許繼元／Mr.Market 市場先生

我第一次接觸到經濟學,是在準備研究所考試的時候。當時我到圖書館借了兩本厚厚的總體經濟學教科書,讀完以後,雖然順利通過考試,但心中仍對經濟學有些困惑。

其中最大的疑問是:「經濟學對我人生有什麼用?」後來隨著年齡與投資部位增長,我開始逐漸體會到總體經濟學對自己人生與財富的影響。舉幾個例子說明。

一、**買房決策**:對多數人而言,房子是一生中最龐大的資產與負債,房貸往往至少綁定 20 年以上。如果我們**能理解本國貨幣政策與通膨趨勢,在這項重大財務決策中,考慮的不再只是個人條件,而是能從更廣闊的視角權衡風險與效益**。

二、**資產配置**:台股、美股、美債、黃金等常見投資標的,都高度受到美國經濟與政策影響。當戰爭、疫情、國際局勢改變,**總體經濟學雖然無法幫我們精準預測未來,卻能大幅減少誤判的代價**。在當代,政府與央行是影響經濟的最大變數,透過了解總體經濟學,能讓我們站在政府與央行的立場去評估現況,甚至提前洞察可能的政策走向。

我們並不是生活在經濟學模型假設的理想世界

當初在閱讀經濟學教科書時,我還有另個困惑:經濟學的假設似乎過於理想,與現實脫節。例如:經濟學常常假設資訊流通,但現實世界資訊真的完全流通嗎?經濟學假設人會做出理性決策,但人們真的能有完全理性嗎?央行理論上要獨立運作最好,但政府真的完全不會干預央行嗎?自由市場的理論似乎很合理,但現實運作中政府干預才是主流?我想許多經濟學教科書的讀者都應該曾經有過此類疑問。正因為如此,在看到這本書時,讓我眼睛為之一亮。

本書是一本重視生活應用,
且考慮實際情況的總體經濟學入門

本書跳脫傳統教科書,聚焦在與生活最相關的總體經濟學知識。用淺顯易懂白話的圖文解說,並且以日本經濟與政策的實際案例,讓讀者看見真實世界的運作,而非停留在理論層次。

書中主要是日本的案例,而對台灣讀者而言,美國經濟才是最大影響力來源。日本同樣深受美國牽動,這些經驗脈絡也相當有參考價值。

這是專為新手打造的入門書,能幫助想學習總體經濟學的人快速打好基礎,相信你一定會有所啟發。

(本文作者為 Rich01.com 創辦人/財經作家)

前言

各位學習經濟學知識，想用來做什麼呢？

「想看懂全球新聞」

「希望有助於投資股票和房地產」

「期望透過經濟學了解世界的運作機制」

「想用來商務談判和銷售」

「想把經濟學當成學問探究」

根據每個人年齡和社會地位的不同，想了解經濟學的情況可能有所差異，但我相信大家腦海中也閃過了各種各樣的想法吧！

不過，可能也有不少人擔心：「我想學經濟學，但感覺好像很難。」「我實在太忙了，找不到時間學習。」

本書名為《〔圖解〕東大教授的總體經濟學課》，是一本讓你快速學習經濟學的書。之所以說超快速，主要原因有二。

一來是，**本書大膽取捨，選擇一般社會人士都應該掌握的總體經濟學知識，以了解世界如何運作**。儘管經濟學的範圍很廣泛，但本書主要集中在總體經濟學裡影響我們日常生活的話題，例如通貨膨脹、貨幣升值和貶值、政府債券和利率。

在解釋每個主題的「原理」和「原則」時，講述最少的學術理論，並以具體的例子來替代，以便大家更容易理解每個主題的要點。我們將重點放在真正的關鍵，因此即使是忙碌的商務人士和學生，也可以在短短 3 小

時就理解吧！

另個原因則在於，**本書以學生和老師（我）一起上課的課堂形式展開**。從 1981 年到 2024 年，我不僅為東京都立大學、大阪大學和東京大學的學生，也為政策研究大學院大學的成人學生教授經濟學。

我從這些教學經驗中發現了一些學習經濟學的初學者容易犯的錯。因此在本書中，與其由我一人開始說故事，反而是從學生的讀者視角著手，提出大家覺得學習的困難之處，藉此讓所有人可以順利閱讀。在出現經濟學的專業術語時，讀者就可以理解這種課程形式的優點。

本書共分 8 堂課，從課前暖身到第 7 堂課。**如果從頭開始閱讀，可串連每堂課討論的總體經濟學知識，建構成更大的知識「主幹」**。讀完全書就可以獲得社會人士至少要擁有的經濟學知識。

此外，本書的每個主題都各自獨立。如果是對某項主題特別有興趣的人，想從了解更多的部分開始閱讀，也沒有問題。

學習經濟學將會是各位未來的一大利器。因為你將**可以預見美國和日本的經濟如何發展＝對於社會的解析力也會大幅提升**。

大家拿起本書就表示，已經站在總體經濟學大門口了。我是大家的「引路人」，幫助讀者獲得對日常生活有用的經濟知識。就讓我們以最短、最有效率的方式獲得受用一生的經濟知識吧！

東京大學名譽教授　井堀利宏

0 period

課前暖身

經濟學是
人類社會的思考實驗

經濟學
有什麼用？

闡明經濟學的「運作架構＝機制」

大家好。歡迎來到經濟學課堂。在接下來的 8 堂課中，我將以讓大家易於裡解的方式上課，教導希望上班族都能學會的經濟學知識。

學生 老師好！請多多指教。我平常看新聞，因為不懂經濟學相關內容，常常覺得很困擾。老師請問到底什麼是經濟學？

嗯，像你一樣不擅長經濟學的人可能不少喔！聽到經濟學這個名詞，有些人可能會想：「這是一門很困難的學問吧！」應該也有人這樣思考：「經濟學到底是什麼？」

在此處課前暖身的地方，讓我們從「經濟學到底是什麼？」的前提開始學習吧！

我們每天都在生產商品和提供服務，並同時進行消費。創造商品和提供服務聽起來可能有點抽象，但如果應用在工作中，你可能會比較容易理解。

如果你是業務，職責在於接受客戶訂單，為公司創造生產產品的機會；如果你擔任的工作是企畫，就要創造出可以

成為公司產品的東西；如果你負責的是銷售，則要藉由提供客戶服務來賣出公司的產品。

學生 不管從事哪一行，都要提供商品與服務呢。

是的，沒錯。顧客可透過實體店或網路，花錢購入大家創造的商品和服務。
經濟學希望闡明如何劃分商品和服務，在社會中如何消費，以及如何使這個「架構」變得更理想。
一旦釐清經濟的「運作機制」，就可以預測生產與消費商品和服務的趨勢（也稱為「經濟活動」），也能思考創造穩定且繁榮社會的方法。
因此，簡單說來，**經濟學是研究如何在現實世界中致富的學問**。

如何進行經濟學實驗？

學生 但是，我們肉眼看不到經濟的「運作機制」，該怎麼了解經濟學呢？

為了能夠釐清經濟學的「運作機制」，需要**進行各式各樣的思考實驗**。
大家讀小學時，都曾經在自然課做過實驗吧。有個實驗是利用天平秤黏土、鋁箔等物品的重量，藉此學到：即使物體形狀不同，重量也不會改變的定律。這種透過實驗闡明某種主張（＝假設）就稱為「科學」。

大家接下來學習的經濟學，也是一門偉大的科學。透過驗證實驗結果、實際數據，來表明各種主張（＝假設）。

但是，閱讀至此你可能在腦海中浮現這個疑問：「那什麼是經濟學實驗？」

當然，我們不會使用天平、燒瓶等實驗工具。**但在經濟學中，取而代之的是想像出虛構的世界，建構代表經濟社會運作的縮影（＝模型），藉此進行思考實驗。**

學生 思考實驗……聽起來好像很有趣！

在虛構世界裡的理性人是誰？

思考虛構世界中的事物時，首先我們會建立單純世界裡的機制（＝模型），如此就能清楚知道賺錢和消費的經濟活動流程。

我們假設在虛構世界裡的人們如同機器人般、完全不流露情緒，並認定在宛如科幻小說的虛構世界裡，所有人類行為都是「**理性的**」。

學生 理性人有點微妙啊，我不是很懂。

讓我具體解釋吧。假設你想買熱狗吃，眼前有麵包店 A 和 B。你到底應該在麵包店 A 買，還是去麵包店 B 消費？

你可以依照口味選擇，也可以根據價格挑選，甚至有些人可能還根據熱烤包裝紙的設計來決定。

經濟學中的理性人，就是指人們在「**（口味與包裝等其他**

條件都相同時）會選購最便宜的東西」，這種會基於經濟動機而採取行動的意思。

學生 這裡說的經濟動機，是指 CP 值高的意思吧。

沒錯，就是這個意思。更準確地說，是指「**在有限的條件下，為了達成某個目標，選擇做出最符合期望的行動**」。在前面提到的例子中，是指人們會在兩家麵包店的有限條件裡，做出高滿意度的購買行為。

理性行為與誘因

那麼，理性人如何採取高滿意度的行動呢？為了決定某項行為，就必須有誘發行動的原因。

例如，當消費者（＝家庭）因為「車站附近的超市有半價促銷，而嘗試去那裡購物」時，誘發行動的原因是「半價促銷」的「價格」。

促使理性人行動的原因，是有點困難的詞彙稱為「誘因」（incentive）。

學生 誘因有哪些類型呢？

除了半價促銷的價格誘因之外，還有很多不同類型的誘因。例如，覺得加薪可能會讓員工充滿動力，並且更努力工作。要是薪水增加了，或許消費者更願意展開購物的行動。這裡的誘因就是「薪水」。

同樣地，**集結理性人所組成的公司（＝企業）中，誘因也很重要**。一旦公司認為可獲得的利潤（＝誘因）可能會增加，就會購買更多的機器、雇用更多員工等，展開讓產量增加的行動。也就是說，理性人會根據誘因決定經濟行為。

　　如上所述，經濟學會利用各種設想的模型進行思考實驗，確認生存在這個虛構世界裡的理性人會如何行動。

將虛構世界的思考實驗，應用在現實世界

將虛構世界的實驗活用在現實世界

生活在虛構世界經濟模型裡的是抽象的理性人。另一方面，==一般大家認為生活在現實世界中的我們（消費者和企業）所採取的行動，基本上也是為了最大化自身的利益（高滿意度）==。

學生 這裡指的是哪些行動呢？

比方說你去蛋糕店選擇蛋糕，當全部價格都相同時，你會選擇哪種蛋糕呢？有人可能會選巧克力蛋糕，也有人會買起司蛋糕。無論如何，哪種蛋糕最能為你帶來滿意度，你就會選擇那一款。

同樣地，無論消費者或企業，都會觀察商品和服務的品質與價格來採取行動，從中獲得最大幅度的滿意度或產生最多的利益。

雖然虛構的世界和現實世界並非全部相同，但不管人們身處在現實或虛構的世界，展開提高滿意度的行為都很重要，也都很重視促使這些行為發生的誘因合理性。

學生 這表示虛構世界和現實世界很像，對吧。

沒錯。前面我曾經提到，經濟學就是希望在現實世界中，實現令人高度滿意的經濟生活。那麼該如何做到這一點呢？經濟學採取以下幾個階段：

首先，在虛構世界中，建立消費者（家庭）和公司（企業）都會理性行動的簡單模型。從中逐步加入現實的假設條件（例如，有錢人和窮人之間的階級差異、中小企業和大公司之間的不同等），以構築出更複雜的模型。

接著，查看各種實際的經濟數據，確認理論的假設如何適用於現實世界。透過重複上述流程，就可推敲出能成功解釋實際經濟活動的模型。

建立出來的模型，是為了預測經濟趨勢、創造穩定繁榮。經濟學就是思考如何在現實世界中讓我們變富裕的方法。

圖 0-1　經濟學的示意圖

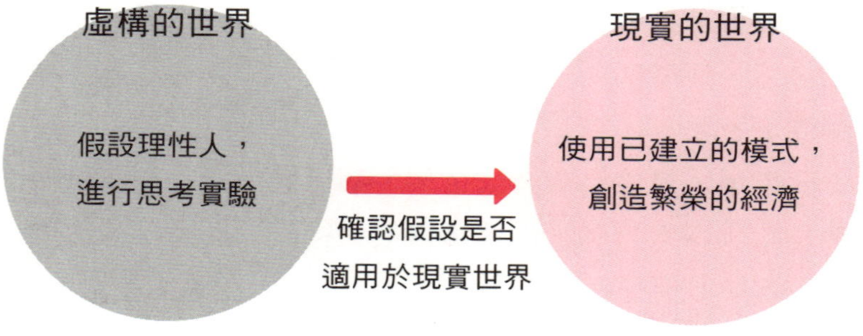

虛構的世界　　　　　　　現實的世界

假設理性人，　　　　　　使用已建立的模式，
進行思考實驗　　　　　　創造繁榮的經濟

確認假設是否適用於現實世界

**從簡單模型開始思考，
再擴展到更複雜的模型，反覆推敲以完善理論**

＼ 這裡的**重點** ／

> 將虛構世界的模型應用到現實世界的過程中，可能會假設不完美的環境或行為不理性的人。此外，近來不再使用模型進行思考實驗，而是比較流行創立真實的實驗室，找受試者來扮演虛擬世界的我們（＝家庭）和公司職員，並調查他們的行為，確認從模型得出的經濟假說與政策效果。

課前暖身｜經濟學是人類社會的思考實驗

誰控制複雜的經濟活動？

經濟狀況改變，價格與成本也會改變

學生 在虛構世界中建構的模型，在現實世界也有同樣的效果嗎？

在現實世界中，生產、分配、消費商品和服務的經濟運作機制當然很複雜，因為現實世界的環境不會總是相同，一旦經濟條件改變，事情就可能跟最初想的不同。

例如，汽車製造商因燃料和原料價格上漲，製造產品（汽車）的費用（成本）比以前高。因此，為了讓利益最大化的企業，就會減少產量，或是導入效率更好的方法來提高生產力。或者，也可能提高商品的價格、停止生產利潤較低的商品。相反地，汽車製造商也可能考慮轉而生產利潤更高的系列產品。

如果商品和服務的聯繫和處理始終穩定如昔，只要順暢進行就沒什麼問題。要是出現劇烈波動（通貨膨脹或緊縮、景氣過熱或衰退等），生活就可能變得難以為繼。

如果景氣惡化程度超出預期，導致工資大幅下降，或是各種商品價格大幅上漲，人們因此無法獲得所需的東西，就可能成為引發國內外戰爭的導火線，最糟糕的情況可能是造

成多數人失業、無法在社會立足，開啟不幸的生活。如上述，**現實的經濟世界比簡單、虛構的世界還要複雜**。

學生 那我們該怎麼辦才好？一定可以做些什麼吧？

你很敏銳呢！為了在複雜的情況下，適度控制在現實世界裡消費者與企業的行動，以避免大家陷入困境，所以設立了「**政府**」和「**中央銀行**」。

人們和公司會因為各種誘因而從事經濟活動，然而當進展不順時，**政府和中央銀行就會試圖透過誘因來刺激和操縱**。

比如說，景氣變差，人們和企業都想減少經濟行為的話，政府和央行就會推出希望強化經濟活動的「刺激」。相反地，如果景氣過熱，就會採取措施來減緩經濟活動。政府和央行會運用多種政策來調節不穩定的經濟活動，發揮穩定維持和發展經濟的角色。

由四角色（＝演員）推動經濟

以上提到**在總體經濟學上場的主要角色，包含我們（家庭）、公司（企業）、國家（政府）和中央銀行**。在這本書中，我會以這四個角色為中心，說明跟我們經濟活動相關的內容。

學習經濟學，會改變看待世界的方式。你身邊可能有這種人吧？他們光看新聞就能預測「未來的景氣會變糟」。**經濟學的知識和預測未來的能力，不僅有助於進行商業活動，也能在思考為老年生活賺錢時，派上用場。**

學生 這下我變得好想趕快學經濟學了！

太好了！謝謝你。自 18 世紀以來，從前人們透過學術驗證累積的經濟政策結果的研究中（有些失敗有些成功）可知，經濟政策的知識逐步發展成經濟學這門學問。了解經濟學，也就是理解前人建立的經濟活動運作機制（＝原理、原則）。

從第 1 堂課開始，我將以簡單易懂的方式講解經濟學的原理和原則。

第 1 堂課

1st period

通貨膨脹與泡沫經濟的基本知識

了解 Netflix 和超市的定價結構

從 Netflix 看需求與供給

　　前面我提到，從經濟學的觀點來思考，「價格」是代表性的誘因要素。

　　「如果物價上漲，生活很辛苦；如果物價下跌，生活會變得輕鬆。」想必大家都是這樣想的吧！但這並非正確。

　　大致說來，總體經濟學一般認定物價上漲是好事，為什麼呢？

　　在第 1 堂課，我將會解說「通貨膨脹」和「泡沫經濟」對物價的影響。首先，我們說明決定物品價格的「結構」吧！順便先問大家有訂閱影音串流平台「Netflix」嗎？

學生　有啊！在家裡、通勤時，我都會看電影或影集。

　　Netflix 是按月計費的影音串流播放服務，大家可以透過網路盡情觀看喜愛的影集與電影。標準訂閱方案從 2015 年的 1,026 日圓，漲到 2021 年的 1,490 日圓，6 年內大約調漲了 45％。（台灣情況請見附錄 1-1）

　　一般來說，漲價 45％ 非常強硬。但如果從經濟學的觀點思考，就能得到可以接受的解釋。

首先,我們將人們想要的物品數量稱為「需求」。對應到 Netflix 的話,就是觀眾想觀看的內容數量。另一方面,物品在世界流通的數量則稱為「供給」。對應到 Netflix 的話是指,這個平台提供的內容數量。

> **「需求與供給」的定義**
>
> 需求……想要的數量
> 供給……在世界流通的數量

我們可以以供需關係解釋 Netflix 漲價的原因。價格上漲的契機,是因為會員數量增加(=需求增加)。由於想看的內容因人而異,所以會員數量增加,就產生提供大量具吸引力內容的必要性。但是,要增加內容數量、提高服務品質等都需要資金,因此 Netflix 才會漲價,並將獲得的資金投入新投資,提供大量的內容給觀眾。

也就是說,**Netflix 提高訂閱方案的價格,是為了滿足增加的需求**,而為了增加供應量,就必須提高資金來進行新投資。就像這樣,一旦需求超過供給(供不應求)時,價格通常都會跟著上漲。

從超市看需求與供給

相反地,也常有供給超過需求(供過於求)的例子,這是大家都看過的畫面。

請想像超市快要打烊。超市晚上 11 點打烊,現在是晚上 10 點,熟食配菜區的晚餐便當還有剩。因為快要打烊,時間

圖 1-1　決定物品價格的方法

只要高漲的需求稍微減少，供給稍微增加，就能達到供需一致。按照這樣的價格，產品將擴散至想要的人

很晚了，所以賣出去的可能性很低。便當為什麼剩下很多卻沒有人要買，這就是實際上供給大於需求的情況。

這時，如果你是超市的負責人，你會怎麼做呢？

學生　若是我，就算降價也想把便當賣完！

沒錯。**剩食一旦報廢，不僅無法增加營業額，還會造成損失**。所以，如果實際流通的商品數量大於人們想要的數量，產品價格就會下降。

若簡化相關概念，可以這樣說明：

> **需求與供給的關係**

「需求」大於「供給」（供不應求）……價格就會上漲
「供給」大於「需求」（供不應求）……價格就會下跌

如果人們想要的東西、服務的數量大於實際數量，商品價格就會上漲；如果前者少於後者，商品的價格就會下跌。 這是基本知識。

商品的價格由供需關係決定。把這點基礎知識牢牢記住，一起來理解通貨膨脹和泡沫經濟吧！

什麼是好的通貨膨脹？

通貨膨脹就是供不應求

通貨膨脹（inflation）是指一般購買的日用品和服務等價格迅速上漲的現象。稍後會討論通貨膨脹如何大幅影響我們的生活。

現在，我想提問。你是否能說明，當商品和服務的價格快速上漲時，供需關係會有什麼變化？

學生 我想商品價格上漲，就表示需求超過供給。

沒錯！**正確答案就是供不應求的狀況**。換句話說，就是需求量明明大幅增加，但供應量卻跟不上。基本上，這時就會形成通貨膨脹。

假設 100 日圓的飯糰漲價到 120 日圓，這樣本來可以用 600 日圓買到 6 個飯糰，現在卻減少到剩下 5 個（見圖 1-2）。花相同的錢，可以購買的數量卻變少了，所以錢貶值了。當商品價格繼續上漲，就會出現通貨膨脹。

要特別注意的是，特定產品漲價並不能稱為通貨膨脹。只有市場上各式各樣產品的價格迅速上漲時，才是通貨膨脹。

圖 1-2 什麼是通貨膨脹？

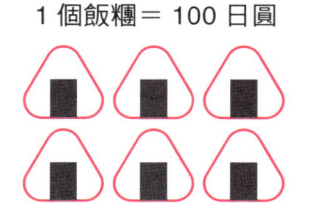

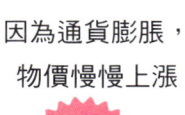

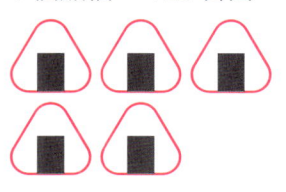

1 個飯糰 = 100 日圓　→　1 個飯糰 = 120 日圓

因為通貨膨脹，物價慢慢上漲

UP!!

600 日圓可以買 6 個飯糰　　　600 日圓可以買 5 個飯糰

同樣都是 600 日圓，可以購買的飯糰數量卻減少了。
換句話說，也就是通貨膨脹讓錢的價值變少了

通貨膨脹的 4 種類型

通貨膨脹有 4 種類型，並且可以分為好的通貨膨脹與壞的通貨膨脹。

好的通貨膨脹

① 需求拉動型通貨膨脹（demand-pull inflation）

壞的通貨膨脹

② 成本推動型通貨膨脹（cost-push inflation）
③ 停滯性通貨膨脹（stagflation）
④ 惡性通貨膨脹（hyperinflation）

首先，我先解釋其中兩個重要的通貨膨脹：① 需求拉動型通貨膨脹和 ② 成本推動型通貨膨脹。

① 需求拉動型通貨膨脹（demand-pull inflation）中的

「demand」是指「需求」。顧名思義，這是**因為需求增加而引起的通貨膨脹**。世界上的錢變多了，人們手頭變寬裕了，就有餘裕購買想要的東西。結果，供不應求，進而導致通貨膨脹（見圖 1-3）。

商品暢銷了，企業會試著增加供應量。因為增加產品和服務的供應量可以提高銷售量。**產量增加也會提升就業，失業率因此降低，展開振興經濟的康莊大道**。

這種因需求提升產生的通貨膨脹，稱為良性通膨。這也是企業提高勞工薪資的機會，因為物價上漲就會出現薪資上漲、薪資實際價值跟著增加的趨勢；同時創造企業的利潤成長、薪資成長超過物價成長的理想局面。

通貨膨脹過度也不好

但是，這不表示發生需求拉動型通貨膨脹就是好事，因為重要的是「通貨膨脹」的程度。

圖 1-3　需求拉動型通貨膨脹的示意圖

人人手頭寬裕，
有購買自己想要東西的餘裕。
需求就會超過供給

價格 UP!!

企業透過提供商品與服務，
增加業績

業績 UP!!

適當的物價上漲讓經濟成長

如果物價上漲過快，加薪幅度跟不上，那麼消費者的購買力就會下降。

假設日本代表性的主題樂園「迪士尼樂園」，調高了門票費用。

若從 8,000 日圓漲到 8,500 日圓，大家不會覺得負擔太大。但是，如果是從 8,000 日圓漲到 10,000 日圓，然後還繼續漲到 11,000 日圓、12,000 日圓的話，該怎麼辦呢？要是我們的薪水也持續增加，就不會有問題；但如果薪資漲幅追不上物價上漲，實際上薪資的價值就會降低。這樣我們的負擔就會變大，生活也會變得很辛苦。簡單來說，即便產生需求拉動型通貨膨脹，薪水漲幅卻跟不上物價，就會造成問題。

學生 **也就是說，良好的通膨現象是指需求拉動型通膨發生時，薪水也同時跟著增加。**

沒錯！就是這個意思。有好的通貨膨脹，就可以活化經濟，不管是我們或企業都會變有錢，國家整體經濟也會朝理想的方向發展。

什麼是壞的通貨膨脹?

造成成本推動型通貨膨脹的原因是?

接下來,我們來看「惡性通貨膨脹」吧!

② 成本推動型通貨膨脹是指在供應商品時,購買原料費用(=成本)上漲時,發生的通貨膨脹(見圖 1-4)。

圖 1-4　成本推動型通貨膨脹的示意圖

購買原料、運輸等費用(=成本)上漲　UP!! 費用

企業在販售價格上反映成本上漲　UP!! 價格

物價上漲(=通貨膨脹)
並非因經濟蓬勃發展所帶來的結果

為什麼這是惡性的通貨膨脹?因為成本推動型通貨膨脹並非供不應求的現象,商品無法大量賣出,也不能進一步活化經濟,而是**因為生產成本不斷上漲造成的通貨膨脹(物價上漲)**。

學生 明明是東西賣不出去，成本卻增加，這樣很慘耶。

就是說啊！雖然企業試圖將增加的成本轉嫁到銷售價格上，卻無法立即做到，而且即使能夠提高價格，也可能因為需求減少而壓縮利潤。

如果企業利潤沒有增加，員工薪資也就不會跟著大幅提高。然而物價卻上漲，造成生活必需品的支出成本增加。如此一來，我們生活的負擔也會愈來愈重。

引發嚴峻情勢的停滯性通貨膨脹

如果成本推動型通貨膨脹日趨惡化，可能會導致更嚴重的通貨膨脹。**這就是所謂的停滯性通貨膨脹。**

讓我來逐步解釋什麼是停滯性通貨膨脹。首先，假設已經發生成本推動型通貨膨脹。由於原物料成本上漲，我常去的超市賣的美乃滋也漲價了，從一瓶200日圓漲到300日圓。

從消費者的角度來看，這表示生活中的餐費負擔增加。如果薪資不提升，消費者的購買力就會下降。

另一方面，對企業來說，這是在成本推動型通貨膨脹之下，基於原物料等成本上漲，導致公司利潤下滑。即使試圖透過提高售價來增加利潤，但僅靠這麼做卻無法改變企業經營困難的狀況。

這時，管理者會開始考慮減少聘用，壓低人力成本。想削減成本，企業都會先從人力成本下手。但是，如果許多企業凍結人事，社會整體的失業率就會增加，國家經濟就會發生嚴重停滯。

這就是停滯性通貨膨脹（見圖 1-5），**不僅物價上漲，景氣還停滯不前，這是最需要避免的現象之一。**

圖 1-5　**停滯性通貨膨脹的示意圖**

背景：成本推動型通膨造成物價上漲

消費者的薪水沒有漲，就會**控管日常的消費**

＋

企業為了削減人力成本而**凍結人事**

社會的整體失業率上升，造成經濟停滯

同時發生景氣停滯＋物價上漲

日本曾經在 1970 年代經歷過成本推動型通貨膨脹和停滯性通貨膨脹。上學時，你曾經學過「石油危機」（oil crisis）嗎？

學生　有喔！我上歷史課時學過。石油真的是導致物價上漲的原因呢！

沒錯。石油危機之所以發生是因為油價突然上漲。當時，相互敵視的以色列（Israel）和阿拉伯國家（Arabdom）發生中東戰爭。戰爭中，以色列占上風，出產石油的阿拉伯世界則透過減少石油產量和出口數量，試圖扭轉局勢。

學生　請問是什麼意思？

阿拉伯國家產的石油是世界各國都會進口的寶貴資源。石油生產國為了向支持以色列的西方國家施壓，藉機減少量產和出口。

阿拉伯國家限制石油出口，刻意製造需求大於供應的局面，導致全球油價飆升。

因為石油是製造塑膠製品、服裝、汽油等東西的重要資源，是生產各式各樣產品不可或缺的原料。**隨著油價上漲，生產商品的成本也隨之提高，商品價格（＝物價）也跟著愈來愈貴。**

學生 這就是成本推動型通貨膨脹出現時，發生的事情呢！

對啊。當時顯示商品和服務價格變動的「消費者物價指數」（CPI）在石油危機發生前是 4.9％，到了 1973 年則升至 11.7％，1974 年更是飆高為 23.2％。

更甚者，**急速的通貨膨脹也對日本的整體經濟造成負面影響，導致出現停滯性通貨膨脹**。也就是說，發生石油危機時，不但物價上漲，景氣也變得低迷。在高速經濟成長時期底下，日本曾經年平均成長率 100％，也在這時迎來終點。

再多知道一點！

當時的日本通貨膨脹率超過 20％，是已開發國家中最高的。日本的經濟衰退與美國一樣嚴重，1974 年經濟成長率跌至 -1.2％（美國為 -0.5％），是日本戰後混亂時期以來的首次負成長。在已開發國家中，嚴重依賴石油的日本是受停滯性通貨膨脹打擊最嚴重的國家。

世界各地的
惡性通貨膨脹衝擊

錢變得一文不值

到目前為止，我已經介紹了 3 種類型的通貨膨脹：需求拉動型通貨膨脹、成本推動型通貨膨脹和停滯性通貨膨脹。最後解釋大家認為最危險的類型：惡性通貨膨脹。

學生 光聽名稱就很厲害啊！

惡性通貨膨脹是指所有商品價格在短時間內急速上升的現象，與前 1 個月相比，價格持續上漲 50%以上（見圖 1-6）。

一旦出現惡性通貨膨脹，該國的貨幣會迅速失去實際價值。請大家試想下述情況。假設與上個月相比，物價上漲了 100%。簡單來說，就是上個月明明可以花 1,000 日圓吃午餐，這個月卻必須花 2,000 日圓。這表示 1,000 日圓的價值在短短 1 個月內就少了一半。

如果惡性通貨膨脹持續，極端的例子是連 1 萬日圓紙鈔可能都會變得一文不值。在現實生活中，非洲國家辛巴威（Zimbabwe）曾經在 2007 年左右發生惡性通貨膨脹。當時人們在餐廳用餐後，以一大疊鈔票在收銀台付款的景象曾蔚為話題。

圖 1-6　惡性通貨膨脹的示意圖

通貨膨脹是？
商品價格持續上漲

100 日圓　→　110 日圓
以前 100 日圓可以買到的飯糰，
變成要花 110 日圓才能入手

惡性通貨膨脹是？
與通貨膨脹相比，
商品價格上漲的速度異常快速

100 日圓　→　1 萬日圓
原本 100 日圓可以買到的飯糰，
變成要花 1 萬日圓才能買入

最糟的情況就是錢變得一文不值

學生　紙鈔變廢紙啊⋯⋯我曾經在學校的教科書上看到有個人拿著一大疊鈔票買一小塊麵包的照片。

　　沒錯，惡性通貨膨脹就是如此。**一旦發生惡性通貨膨脹，大家通常會試圖減少持有那一國的貨幣，希望換成更穩定的外幣（如美元）。**

學生　為什麼大家有這種反應呢？

　　就像我前面說明的，因為惡性通貨膨脹會導致貨幣變得一文不值。如果本國貨幣的需求大減，貨幣的價值就會更急劇下跌，陷入惡性循環。
　　結果，人民的生活費飆高，以及伴隨而來的貧困問題，將會嚴重影響國家整體的經濟和社會。

2023 年的委內瑞拉事件

學生 什麼時候會發生惡性通貨膨漲呢？

讓我們來看看現實生活中的例子。截至 2023 年為止，南美洲的委內瑞拉（Venezuela）正遭受每年年高達 400％ 的惡性通貨膨脹。簡而言之，就是在短短一年內，年收入從 500 萬日圓掉到 125 萬日圓，存款則從 1000 萬日圓減少到只剩 250 萬日圓。此外，持續的惡性通貨膨脹還導致委內瑞拉的貨幣價值進一步下跌。

委內瑞拉的貨幣「數位玻利瓦」（Digital Bolivar）變得毫無價值，人民無法購買食物和藥品等生活必需品。隨著經濟情勢惡化，水電等基礎建設也無法正常運轉，社會治安也異常嚴峻，搶劫、兇殺事件頻傳。

根據國際貨幣基金（International Monetary Fund, IMF）的預測，到了 2025 年，委內瑞拉的難民人數將達到 840 萬人，超過敘利亞（Syria）難民的數量。

委內瑞拉為什麼會陷入惡性通貨膨脹呢？主要有 3 個原因。

委內瑞拉發生惡性通貨膨脹的原因

① **依賴石油**
② **政府應對不力**
③ **貨幣供給過剩**

此處內容可能比較困難，讓我仔細解說。背景之一是，委內瑞拉身為產油國家，長期依賴石油業維生，出口石油更是國家的主要收入來源。然而，2008 年發生的「雷曼兄弟金融危機事件」導致油價突然下跌，重創委內瑞拉經濟。

雷曼兄弟金融危機事件是指，國際投資銀行雷曼兄弟的破產，導致全球金融市場動盪，引發全球景氣衰退。

因景氣衰退，全世界對石油的需求也跟著減少。投資者開始避免投資石油這類商品價格波動大、風險較高的商品。此外，委內瑞拉政權將石油開採公司收歸國有，造成優秀的工程師大量出走，石油開採也跟著停滯，最後導致國家收入大減。

在這樣的情況下，委內瑞拉政府大規模推行社會主義政策，希望增加低收入者的福利（原因②）。預算增加，國家發行的借款（＝政府公債）當然也跟著變多。儘管國家財政吃緊，委內瑞拉卻仍舊透過舉債為大規模支出買單。最終，國家財政崩潰，人民對國家的信任度也下降，國家貨幣的價值和信用也跟著降低。

此外，時任總統馬杜洛（Nicolás Maduro）為了**彌補財政赤字，加大貨幣供應**（原因③）。這次他試圖透過迅速增加委內瑞拉貨幣的供應量，力求重振當地經濟。

然而，經濟活動和生產卻跟不上突然增加的貨幣供應量。結果，你覺得會發生什麼事？

學生 是不是人民手頭上很多錢，但市場商品卻很少……啊！我知道了，因為錢變得沒價值，物價就會上漲，對吧！

正確答案。**商品需求量增加，供給卻跟不上，就會導致物價大幅上漲**。惡性通貨膨脹就是這樣發生的。

惡性通膨從 2014 年左右延續到現在，委內瑞拉的人民長期陷入貧困處境。困擾委內瑞拉的 3 項因素都是結構性的，

所以非常難克服。

2024 年的委內瑞拉國內治安仍不佳，許多人民希望逃離母國並移民到美國去。如果委內瑞拉政權不建立強大的法治和財政紀律，重建國家並非易事。

一般來說，惡性通貨膨脹會發生以下幾個狀況。

惡性通貨膨脹容易引起的狀況

- 戰爭失敗，經濟陷入嚴重衰退
- 在發展中國家，政府財政來源（例如，能源資源）的出口產品價格下跌，政府發現徵稅困難

不論哪種情況，大家都會對該國貨幣失去信任。順道一提，德國在第一次世界大戰戰敗後，於 1920 年代出現惡性通貨膨脹，導致民眾的不滿情緒日益高漲，最後甚至造成納粹崛起，重創國家的政治體制。請大家務必記得，惡性通貨膨脹造成的影響就是如此巨大。

通貨緊縮讓商品變便宜，為什麼不好？

因為通貨緊縮而降價

通貨膨脹是指物價快速上漲。另一方面，**也有物價快速下跌的現象**。這種與通貨膨脹相反的經濟現象稱為「**通貨緊縮**」（deflation）（見圖 1-7）。

圖 1-7　通貨緊縮的示意圖

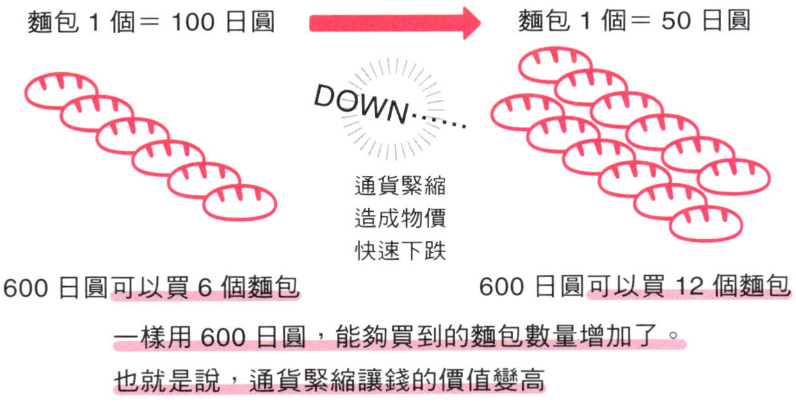

麵包 1 個 = 100 日圓　　　　　　　麵包 1 個 = 50 日圓

DOWN……

通貨緊縮造成物價快速下跌

600 日圓可以買 6 個麵包　　　　　600 日圓可以買 12 個麵包

一樣用 600 日圓，能夠買到的麵包數量增加了。
也就是說，通貨緊縮讓錢的價值變高

那麼，我又要在這裡出題囉！當商品價格下跌時，供給與需求之間會變成什麼樣？

學生 這題很簡單,就是供過於求!

答對了!由於產品賣不出去,就會出現商品和服務不斷降價的情況。

雖然有點極端,但如果 1 個 100 日圓的麵包降價為 50 日圓,那麼用 600 日圓可以買到的麵包數量,就會從 6 個增加到 12 個。貨幣的價值不斷增加,可以用相同金額的錢買到更多東西。一旦持續降價,就會出現通貨緊縮。

學生 對我們來說,可以更便宜買到東西是好事。

不一定喔!因為價格下跌時,人們會預期商品和服務再進一步降價,所以**心理上會覺得晚點買比現在買划算**。

假設有人想買個新冰箱。當通貨緊縮、價格持續下跌時,大家往往會覺得:「我要等到更便宜時再買。」

只有 1 個人這樣做,影響不大,但如果很多人都延遲購買,就會導致消費減少,造成經濟停滯和衰退。

因此,一旦通貨緊縮變嚴重,就會出現稱為「通貨緊縮惡性循環」(deflationary spiral)的現象(見圖 1-8)。

通貨緊縮惡性循環

① **因為產品賣不出去,公司降價**
② **企業利潤減少,又抑制新的資金投入**
③ **員工薪水減少**
④ **大家變得不再花錢**

圖 1-8　通貨緊縮惡性循環的示意圖

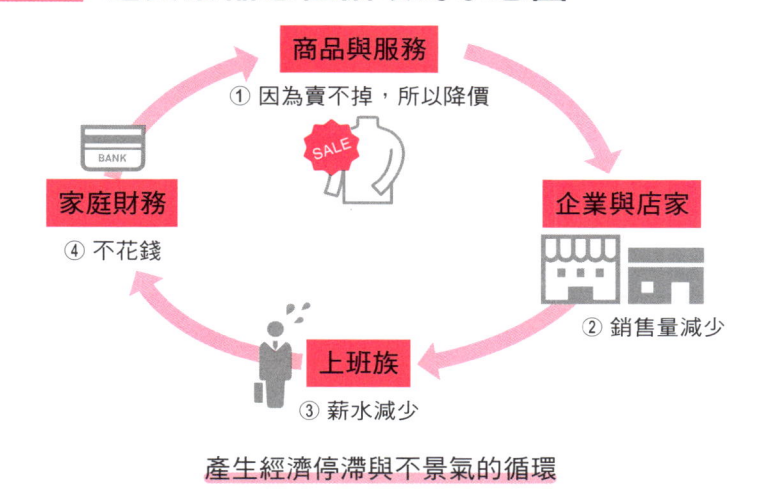

商品與服務
① 因為賣不掉，所以降價

企業與店家
② 銷售量減少

上班族
③ 薪水減少

家庭財務
④ 不花錢

產生經濟停滯與不景氣的循環

上面提到的 ① 至 ④ 會不斷循環，導致物價持續下跌，經濟狀況惡化，令人擔憂。日本從 1990 年代末期開始，大約已持續 15 年的通貨緊縮。

學生　我們常常在新聞上看到：「日本應該要徹底克服通貨緊縮！」。現在日本還在通貨緊縮階段嗎？

有些政治人物和專家會稱呼當下的狀態為通貨緊縮。2022 年，因烏俄戰爭引發能源資源短缺，日本曾經出現過成本推動型通貨膨脹。然而，直到爆發烏克蘭危機[1]的這 10 年

1　編按：2013 年底至 2014 年期間，烏克蘭因親歐或親俄的立場分歧，引發的政治和軍事動盪。最終導致俄羅斯併吞克里米亞（Crimea），並引發烏東地區的武裝衝突，造成頓巴斯地區的戰爭。

左右,日本並沒有出現通貨膨脹,物價基本上都很穩定。

　　我認為**物價沒有下跌,通貨膨脹率在 0 附近徘徊,表示沒有發生通貨膨脹**;不過仍有政治家和專家稱為通貨緊縮。

學生　發生壞的通貨膨脹不好,出現通貨緊縮也並非好事。該怎麼做才能創造良好的通貨膨脹呢?

　　這個問題就留到第 2 堂課來詳細討論吧!如果大家都能理解我到目前為止的說明,就表示你已經掌握了通貨膨脹和通貨緊縮的基本知識囉!

泡沫經濟的結構與龐氏騙局一模一樣

土地和股票等資產的飆升

接下來，我們要說明泡沫經濟的概念。

學生 通貨膨脹是指日常用品的價格上漲，因此人們很容易想像。但是泡沫經濟是發生在很久以前，感覺離我們很遙遠。

千萬別低估泡沫經濟喔！這也許對你未來的生活會造成重大的影響。

泡沫經濟指的是自己的住家、房地產、股票等資產價格飆升的現象。如果不夠了解泡沫經濟，很可能會盲目購買房地產和股票，還癡癡希望價格一直上漲。

若泡沫經濟最終破滅，資產價格不再上漲的話，你持有的資產將大幅縮水，損失會很慘重。但是，如果能理解泡沫經濟的結構和運作方式，就可以考慮到未來價格下跌的風險，做出明智的投資決策。

學生 原來如此，所以了解泡沫經濟，對於投資房地產和股票很有用啊！現在我開始感興趣了。

太好了，那麼我們繼續吧！如同我前面所說，泡沫經濟是特定資產（土地與房屋等不動產、股票等）突然飆漲的現象。既然說是泡沫經濟，就等於「泡沫」膨脹，顧名思義就是資產價格急遽上漲後，**最終像泡沫般破滅的現象。特色在於資產價格會突然下跌**。

大家來看看泡沫經濟如何形成的具體例子。假設你正在考慮購買 Y 地，預算為 3,000 萬日圓。觀察了大約半年，這塊原本標價 3,000 萬日圓的土地變得很搶手，漲到 3,500 萬日圓。而且之後價格還不斷持續快速上漲。這時你會怎麼做？

學生 我會希望趁便宜時趕快買下來。

對吧！有些人會覺得：「這塊地還會繼續漲，所以不如現在趕快買下來。」而有些人則可能認為：「如果這塊地會繼續漲，我轉手賣出就可以賺一筆」。

當大家都覺得地價還會一直漲，就會產生現在買下比較好的心理，這就是泡沫經濟的開端。

隨著土地需求量不斷增加，價格也漸漸漲到 4,000 萬日圓、4,500 萬日圓、5,000 萬日圓……這種缺乏實質內容支撐的資產突然漲價，就是泡沫經濟的結構。

學生 這裡的「缺乏實質內容支撐」是什麼意思呢？

即使價格在短時間內大幅上漲，土地的使用價值在漲價前後卻沒有改變。由於什麼都沒有改變，所以表示缺乏實質內容的支撐。

泡沫經濟的形成過程，可以概括為以下 3 個步驟。

> **泡沫經濟的發生過程**
>
> ① 投資者和個人都期待資產增值
> ② 資產增值後，又期待繼續漲價
> ③ 早買早好的心理作用，推動資產價格持續上漲

了解流量與存量

學生 那為什麼泡沫經濟主要只發生在土地與住宅等資產上呢？

問得好！接下來，我以「流量」（flow）與「存量」（stock）的視角來深入理解泡沫經濟吧！

流量意味「流通」、存量則表示「儲存」的意思。**受通貨膨脹影響的日常生活用品和服務，都是透過消費「流通」的商品。**

另一方面，**泡沫經濟發生在土地和住宅，則是因為這是人們視為自有資產的「儲存」存貨**，並不是消耗後會流動的東西。

> **流量與存量**
>
> 流量……日常生活用品與服務等的消費物
> 存量……土地與住宅等資產

學生 我好像似懂非懂……

不然大家以蔬菜來想像這個概念好了。紅蘿蔔和洋蔥等蔬菜是因為飲食而消費的。除了某些例外情況，大家不會拿這些蔬菜來轉售。

但是，**土地和住宅等存量，則可以預先保存再轉賣**。如果人們認為某種資產具有很高的價值就會想要入手，價格就可能因轉售而容易上漲。基於此，泡沫經濟才會主要體現在資產上。

泡沫經濟破滅了會發生什麼事？

學生 要是泡沫經濟破滅了，會發生什麼事情嗎？

房價會暴跌，造成投資者和屋主龐大的損失。

拿前面的例子土地 Y 來說，假設這塊地的原始估值（基於反映當前經濟狀況的實際價值）為 3,000 萬日圓，因為泡沫經濟的關係，最後交易價格訂在 6,000 萬日圓。

只要土地 Y 在漲價的階段，未來就有可能以超過 6,000 萬日圓的價格出售，因此地主的虧損風險很小。可是一旦泡沫經濟破滅，由於合理的價格是 3,000 萬日圓，土地 Y 的價格會大幅下跌。這塊地將不再有 6,000 萬日圓的價值，可能會爆跌到 3,000 萬日圓。

結果會造成地主慘賠。要是買地的錢是跟銀行借的，沒賺錢還得繳貸款，現金流更會面臨崩潰。

學生 有人會因為泡沫經濟而得利嗎？

還是有的。若是有些人在泡沫經濟開始時，以低價購買資產（如房屋和股票），並在泡沫高峰期高價出售。這樣的人愈多，他們的消費行為也會很活絡，就會正面影響景氣。但是泡沫經濟破裂時，高價購入資產的人則會損失非常慘重。從總體經濟學的角度來看，泡沫時期愈多人在晚期購買資產，泡沫破裂後造成的負面影響就更大。

與龐氏騙局的意外共通點是？

前面我曾經提過，正如經濟如「泡沫」般破裂，泡沫經濟的特性是導致資產價格暴跌。**其實這個結構跟「龐氏騙局」相同。**

學生 咦！？泡沫經濟跟龐式騙局哪裡一樣了？

龐氏騙局（Pyramid scheme，又稱金字塔式騙局）是指以不正當的方法進行銷售和招攬的手段。

特色在於向新會員收取高額的入會費，建構迅速增加新會員的勸誘制度。在這個機制下，領導者和高階會員可以從新會員支付的會費中獲利。

另一方面，在泡沫經濟時期，想要獲得資產的人猜測地價和房價會上漲，接著無數買家出現，所以可能以高價持續轉手買出。

然而，世界上的買家人數有限。就算土地等的房地產價格上漲，也不會出現無數的買家。如果有人判斷不值得如此高價購買，對於資產的需求就會減少。

同樣地，龐氏騙局如果想要獲利，唯一的條件就是參與

者的數量要無限擴大。但是，入會人數有限。從數學就可以明顯看出，不管是哪種龐氏騙局，都註定會失敗。

不論是泡沫經濟還是龐氏騙局，最終對資產的需求都會因為新加入者青黃不接而失敗告終，它們都同樣有最後 1 個買家賠最多錢的結構（見圖 1-9）。

圖 1-9　龐氏騙局與泡沫經濟的結構

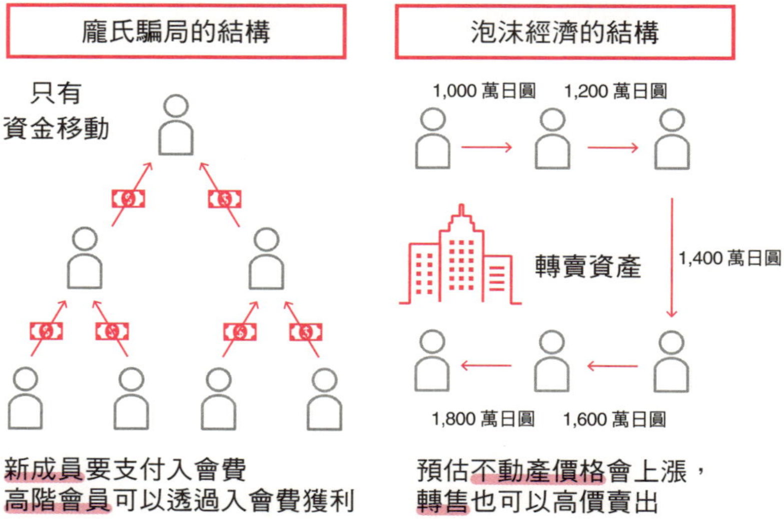

龐氏騙局的結構

只有資金移動

新成員要支付入會費
高階會員可以透過入會費獲利

泡沫經濟的結構

1,000 萬日圓　1,200 萬日圓

轉賣資產　1,400 萬日圓

1,800 萬日圓　1,600 萬日圓

預估不動產價格會上漲，
轉售也可以高價賣出

龐氏騙局與泡沫經濟最終都會因為加入者變少，
導致資產需求也減少，而迎來破滅的結局

　　如上所述，一旦理解泡沫經濟與龐氏騙局有相同的運作方式，應該就能明白泡沫經濟結構有多麼危險。但儘管明白這一點，我們卻還是常常陷入泡沫經濟的陷阱而不自知。就像下 1 堂將要討論的，尤其對日本人來說，1980 至 1990 年代經歷過泡沫經濟後留下的教訓，直到現在仍然存在。

日本為何會出現泡沫經濟，又是如何破滅的？

泡沫經濟時期的繁榮日本

泡沫經濟破滅會帶來巨大的影響。大家可能都聽過「泡沫破裂」這個詞吧！1980 年代後半至 1990 年代初期，日本經歷了前所未有的經濟繁榮期，就是所謂的泡沫經濟。

起因在於 1980 年代，日本政府和中央銀行採取的低利率政策。低利率政策是為了刺激經濟，將利率維持在低點。因此許多企業和個人能夠以低利率獲得貸款，進而增加房地產、股票和其他領域的投資。愈來愈多人在購買昂貴的房地產後，向銀行貸款並再度投入房地產，希望藉此獲利。

結果這導致股市暴漲，許多公司的股價也因此被高估。1989 年 12 月 29 日股市極熱，日經平均指數一度飆升至 3 萬 8,915 日圓的高點。

泡沫經濟大大影響了人民的生活。求職市場已變成賣方市場，曾聽聞有公司為了招募優秀的學生，贈送名牌包或邀請內定者去夏威夷旅遊。當時日本錢淹腳目，資金在各地流動，尤其以城市地區為中心流竄速度更加迅速。

為什麼泡沫經濟會破滅？

第 1 堂課　通貨膨脹與泡沫經濟的基本知識

但是這裡出現了問題。過去人們曾以為泡沫能夠持續變大，最後卻在 1990 年代初就破滅了。在那之後，日本就陷入了長期經濟衰退。

學生 為什麼日本的泡沫經濟會破滅呢？

為了不要重蹈覆轍，這是所有人都應該知道的知識。泡沫經濟會破裂，主要有兩個原因（見圖 1-10）。

圖 1-10　泡沫經濟破滅的架構

股價上漲＋景氣大好

人人都購買昂貴的房地產。
向銀行貸款後，再投資其他不動產

原因① 貨幣緊縮
升息後，
企業很難貸款

↓

不動產的需求減少，
價格也就下跌了

原因② 總量管制
針對土地與住宅等不動產
限制貸款量

↓

到了還款日，不動產業者
陷入資金短缺的狀態

泡沫經濟崩壞

泡沫破滅的原因
① **貨幣緊縮**
② **總量管制**

在 ① 貨幣緊縮政策中，中央銀行提高了向商業銀行（零

售銀行）貸款的利率。

學生 商業銀行是哪一種銀行呢？

「商業銀行」並不是指哪種特定銀行，而是泛指所有民營銀行，像是現在的大型銀行和地區銀行的總稱。

一旦商業銀行提高企業貸款收取的利率，企業獲得貸款的成本就會變高。**從事土地和建物交易的房地產經銷商，同樣因為新貸款的成本增加，而導致投資房地產也會變得更謹慎**。結果在泡沫經濟時期，過熱的房市需求因而減少，房地產的價值就下跌了。

另一方面，**關於 ② 總量管制的內容，簡單說來就是購買土地、房屋等不動產時，可以從銀行獲得的貸款額度被限制**。

在泡沫經濟時期，銀行相當積極地提供房產貸款。因為就算萬一客戶無力償還，只要能夠扣押客戶的財產，銀行遭受損失的風險就會很低。而且，由於預估房地產的價值會繼續上漲，銀行便會認為這種措施並無風險。

然而，執行總量管制後，銀行便無法再提供更多貸款。這下苦惱的人就變成是不動產業者了。因為，大家是以向銀行貸到更多錢為前提在規畫現金流，到了還款日卻無力償還，最後企業接二連三面臨破產。

「就算我有不動產，銀行也不會貸款給我。」這種想法就是導致人們對房地產投資失去信心的導火線。

泡沫經濟期間，過多資金集中在存量

我想說到這裡應該有人很困惑，冒出問題：「為什麼要阻止泡沫經濟發生？」

這是因為一旦泡沫擴大，貨幣就很難流向「實體經濟」。錢不會流向「流量」這種日常生活用品與服務等消費商品上，而是過度集中於土地與住宅等資產的「存量」。因為資金無法順利流入實體經濟中，所以才要阻止泡沫經濟擴大。

學生 實體經濟又是指什麼經濟呢？

實體經濟是指與「流量」相關領域的經濟活動。例如，農產品、工業品、能源、建築、教育、醫療、IT等廣泛眾多的領域。只要資金能流入這些領域，創造穩定的需求，企業就能進行生產活動、創造就業機會，國內外貿易也會變得更加活躍。

相反地，==如果資金沒有流入實體經濟，就會造成失業率上升、貿易活動減少。如此一來，經濟惡化的風險就會增加。==

學生 原來如此！是因為考量到未來的經濟前景，才要阻止泡沫經濟的啊。但是，泡沫經濟破滅之後，日本又發生了什麼事？

泡沫經濟破滅後，房地產的價格大幅下跌。當時，客戶以房地產抵押獲得貸款，但房地產價值下跌，銀行無法收回借出的資金。就算銀行扣押了無力償還債務者的不動產，但因為不動產價值大幅下跌，銀行損失便增加了。

結果，1990年代銀行不只無法收回的貸款（不良貸款）

增加，經營狀況也跟著惡化。許多依賴銀行貸款的企業也遭受負面影響，讓日本經濟開始步入長期停滯的狀態。

即使是專家，也難以辨識泡沫經濟

大家可能會想：「難道不能早一點阻止泡沫經濟的發生嗎？」但其實在泡沫經濟的早期階段很難判斷。

一般來說，**大家把經濟實力稱為「基本面」（經濟的基本條件）**。1980年代後半時期，日本經濟蓬勃發展，基本面不斷擴大。

「日本第一」（Japan as Number One）的說法相當盛行，當時日本更被視為世界第一經濟強國[2]。房地產交易過熱，資產價格不斷高漲，但當時房地產漲價被認為是經濟實力的展現，並沒有問題。事實上，就連當時的專家之間也有不少人認為當下的股價、地價等資產價格是合理的。

學生 這樣的話，未來還是有可能再發生泡沫經濟，對吧？

沒錯，這是當然的。現在有愈來愈多年輕人開始對買賣、擁有股票和房地產感興趣。如果大家對泡沫經濟不夠了解的話，可能會盲目購買和投資房地產和股票，還癡癡地希

---

2 譯註：出自哈佛大學著名東亞學者傅高義（Ezra F. Vogel）於1979年出版的著作《日本第一：對美國的啟示》（*Japan as Number One: Lessons for America*），幫助世界理解日本崛起與背後原因。其中包括優秀的治理能力、重視公民教育和犯罪防治等。

望價格一直上漲。

　　最後泡沫經濟破滅，資產價格大幅下跌，損失慘重⋯⋯但是，如果了解泡沫經濟的結構和運作方式，應該就能考慮到未來價格下跌風險，做出適當的決策。

為什麼利率一上升，資產價格會下跌？

從當下的價值，思考未來利潤

在第 1 堂課的最後，我們來討論稍微困難的話題。

一般來說，**利率一旦上升，股票和債券等金融資產的價格就會下跌**。大家一起來思考其中的機制。

首先，股票、債券等金融資產所產生的利潤是發生在未來。之後能獲得多少利潤，則必須折算成現在的價值，不然會很難正確掌握價值，這稱為「**折現**」。

學生 「折現」是什麼啊？

譬如說，2024 年 100 萬日圓與 2025 年的 100 萬日圓，兩者的價值是不同的。這是因為世界上存在著利率。

2024 年的 100 萬日圓，如果存入銀行賺利息會增值，到了 2025 年就會超過 100 萬日圓。換句話說，現在擁有的錢，透過投資未來可能會超過 100 萬日圓以上。相反地，要考慮 2025 年的 100 萬日圓在 2024 年值多少錢時，就需要將其轉換成 2024 年現在的價值。這樣的思考方法就稱為「折現」。

利率是折現的指標，而轉換到目前價值則稱為「現值」。

第 1 堂課｜通貨膨脹與泡沫經濟的基本知識

了解現值,就能做出合理判斷

我們透過具體的例子來思考資產和利率之間的關係吧!如果持有股票資產 A,第 1 年、第 2 年都會從中獲得 100 萬元的收入(=股息)。當前利率為 5%。

目前的 100 萬日圓收入當然就值 100 萬日圓。但是到了第 2 年,賺到的 100 萬日圓的實際價值卻不是 100 萬日圓。

學生 因為要折現成現值對吧!

沒錯!這邊利用簡單的數學運算計算。首先,將第 2 年的 100 萬日圓,折現為第 1 年後的價值設定為 X。

由於當前的利率為 5%,所以第 2 年的 100 萬日圓現值就是 X 的 1.05 倍。反過來想,100 萬日圓除以 1.05 就是 95 萬 2,000 日圓。

第 2 年的 100 萬日圓的現值

$$X \times 1.05 = 100 \text{ 萬日圓}$$
$$X = 100 \text{ 萬日圓} \div 1.05 = 95 \text{ 萬 } 2,000 \text{ 日圓}$$

持有股票資產 A 的收益(=股票的價格)總計是 195 萬 2,000 日圓。所以可以賺取兩筆收入,第 1 年是 100 萬日圓,第 2 年的現值 95 萬 2,000 日圓。

股票資產 A 的價格就是該兩年份收益的現值。也就是說,如果購買時股票資產 A 的價格為 195 萬 2,000 元,那麼持有股票資產 A 就是合理的。

如果股票資產 A 的價格為 200 萬日圓，比起全部拿去買股票，把 100 萬日圓放在身邊，剩下的 100 萬日圓存入銀行帳戶，這樣反而更有利。因為，把 100 萬日圓存起來，第 2 年就能賺到 105 萬日圓。持有股票資產 A，第 2 年的利潤也不過只有 100 萬日圓。

相反地，如果股票資產 A 的價格低於 195 萬 2,000 日圓，不存起來拿去買股票的話，反而是更有利的做法。因為第 2 年可以獲得 100 萬元的利潤（比存進銀行賺得更多）。因此，購買股票資產 A 的申請大量湧現。

利率上升，現值就下降

如果現在的利率是 10％，又該如何思考這個問題呢？一樣是要將第 2 年的 100 萬日圓折現到第 1 年的現值。此時可以依照如下方式計算。

第 2 年收益的現值

100 萬日圓 ÷1.1 = 90 萬 9,000 日圓

第 1 年＋第 2 年收益的現值

100 萬日圓＋ 90 萬 9,000 日圓＝ 190 萬 9,000 日圓

與利率 5％時相比，可以看到總現值從 195 萬 2,000 日圓減少到 190 萬 9,000 日圓。利率上升，資產價值就會下降，正是經濟學的基本原理。

> **利率與資產價格的關係**
>
> - 利率上升，**資產價格就下跌**
> - 利率下降，**資產價格就上漲**

　　在上述的例子中只比較了兩年的差異。如果假設這種情況無限期的持續，即使是微小的利率波動，也會大大影響資產的價格。一旦利率上升，資產價格就會下跌。在考慮未來收益的「現值」時，透過利率「折現」的觀點非常重要。

　　若利用這邊已經解說的知識，能夠正確預測未來的股票價格趨勢。譬如說，假設某支股票的每期股利為 10 萬日圓，並且會一直發下去。利率則設定為 10％。那麼，股價就是 10 萬日圓 ÷0.01 = 1,000 萬日圓。如果利率上升到 2％，股價就會下跌一半，變成 10 萬日圓 ÷0.02=500 萬日圓。因此，即使利率出現小小的變化，對股價等資產價格也會造成重大影響。我們很難預測未來的股價，但是透過觀察利率趨勢，是能夠判斷股價如何變動的。

再多知道一點！

一般來說，當利率上升時，股價就會下跌。但是，如果利率上升是反映經濟的復甦，那麼未來的股利也會跟著增加，所以也會出現股價不下跌的狀況。理解利率如何在不同經濟條件下波動，就能正確預測未來的股價趨勢。

2st period

第 2 堂課

復甦景氣的貨幣政策

了解貨幣政策，就能預測本國和外國的經濟

為了改變通膨與通縮而實施的政策

我們在第1堂課裡，討論了商品價格持續上漲的「通貨膨脹」，以及商品價格持續下跌的「通貨緊縮」。

過度強勁的通貨膨脹或通貨緊縮，都會導致景氣過熱或低迷。如果任由這種情況持續，將會削弱國家的經濟實力，導致企業破產、人民失業，並直接影響你我的日常生活。

該如何阻止過度的通貨膨脹或通貨緊縮？為了改變此種狀況，會由中央銀行實施貨幣政策。在第2堂課，我們將觀察如何利用貨幣政策，擺脫景氣過熱或低迷的現象。

學生 學習貨幣政策，跟我們的生活有什麼關係呢？

大家一旦了解貨幣政策如何運作，就可以培養出預測本國和外國未來經濟發展的能力，因為貨幣政策可以輕易改變一國的經濟動向。

此外，貨幣政策還會直接影響房貸利率、股票價格，因此許多人在置產或投資股票時，都會參考貨幣政策的趨勢。也就是說，只要了解貨幣政策，就能幫助自己聰明運用資金。

兩種貨幣政策：貨幣緊縮與貨幣寬鬆

那麼，我們一起來看看貨幣政策有哪些具體措施，可以阻止通貨膨脹和通貨緊縮吧！主要有兩種政策。

兩種貨幣政策
① 貨幣緊縮
② 貨幣寬鬆

貨幣緊縮和貨幣寬鬆都是稍微困難的專業術語，所以我舉例說明讓大家更好理解。

先提出 1 個問題問大家。當你們開心烤肉時，如果火太大會發生什麼事？相反地，如果火小到快熄滅的話，大家又會怎麼做？

學生 如果火太大，可以加點冰塊來減弱火勢。要是火快滅了，就添加木炭讓火旺起來。

沒錯！貨幣政策也一樣。**透過增加冰塊或木炭來改善情況，景氣過熱時抑制，景氣低迷時就設法回溫。當然，實際上並沒有使用冰塊或木炭，而是調整在世界流通的貨幣數量和利率**。也就是說，「貨幣數量和利率」就像烤肉時使用的冰塊和木炭。

譬如說，景氣好（經濟運作良好）會有景氣過熱、流通貨幣過多的風險。此時商品需求過高，會導致價格持續上漲、過度通貨膨脹的危險。

因此，**中央銀行實施「貨幣緊縮」政策，減少流通的貨幣數量，防止景氣過熱**（見圖 2-1）。若用烤肉比喻，就像在火力太強時加入一點冰塊，兩者發揮的作用是相同的。

相反地，如果景氣低迷（貨幣流通不良），就會落入大家不太消費的貨幣緊縮狀態。這時就算商品降價，需求也不會增加。

為了避免經濟長期衰退，**中央銀行會增加流通的貨幣，以活化經濟，也就是實施「貨幣寬鬆」政策**（見圖 2-2）。如果用烤肉的例子來說，這就像在火太微弱時加一點木炭，兩者效用相同。

圖 2-1 貨幣緊縮的示意圖

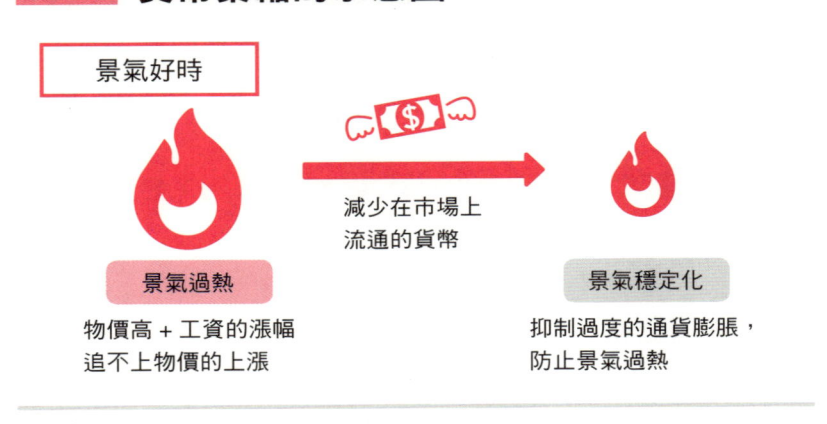

景氣好時

減少在市場上流通的貨幣

景氣過熱
物價高 + 工資的漲幅追不上物價的上漲

景氣穩定化
抑制過度的通貨膨脹，防止景氣過熱

如上所述，為了調整經濟狀態，中央銀行採取的貨幣政策，大致可分為貨幣緊縮與貨幣寬鬆。

首先，請記住它們分別的作用：貨幣緊縮政策會替過熱的景氣降溫，貨幣寬鬆政策則是會刺激經濟、活絡景氣。

圖 2-2 貨幣寬鬆的示意圖

景氣差時

增加在市場上流通的貨幣

景氣低迷
形成通貨緊縮，
有長期衰退的風險

活絡景氣
消除通貨緊縮，
刺激消費

第 2 堂課　復甦景氣的貨幣政策

透過公債和利息，掌握世界脈動

買賣公債，調整流通貨幣數量

前面討論的貨幣寬鬆與貨幣緊縮政策，都是透過以下兩種工具進行。

> **貨幣政策的施行工具**
> ① 公開市場操作
> ② 政策利率操作

① 公開市場操作

這是透過中央銀行與民營銀行交換（買賣）公債，增加或減少民營銀行貨幣數量的方法之一（見圖 2-3）。

學生 什麼是公債啊？

公債是國家債務的憑證，上面記載借款的資金和支付的利息。個人或民間金融機構都可購買。

公開市場操作就是：**當中央銀行想要活絡經濟，施行貨幣寬鬆政策（也就是想增加貨幣數量）時，就會購買民營銀行持有的公債**，也稱為「**買入操作**」（buying operation）。

圖 2-3　公開市場操作的示意圖

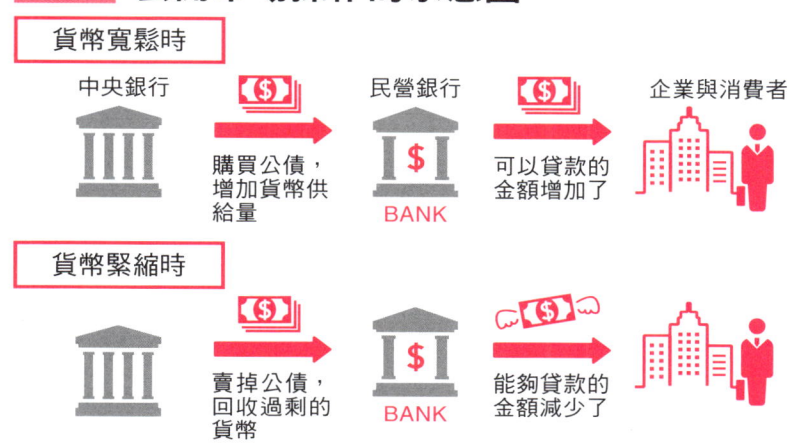

貨幣寬鬆時

中央銀行 →（購買公債，增加貨幣供給量）→ 民營銀行 BANK →（可以貸款的金額增加了）→ 企業與消費者

貨幣緊縮時

中央銀行 →（賣掉公債，回收過剩的貨幣）→ 民營銀行 BANK →（能夠貸款的金額減少了）→ 企業與消費者

　　民營銀行出售公債、獲得金錢，手頭就有餘裕。個人和企業貸款變得更加容易，利率也下降，在市場上流通的貨幣數量也因此增加。如此一來，企業更可以投入在設備投資、研究開發，形成能刺激景氣的環境。

　　另一方面，**當中央銀行為了緩和景氣，施行貨幣緊縮政策（也就是減少貨幣的數量）時，就會把持有的公債出售給民營銀行，實施「賣出操作」**（selling operation）。

　　民營銀行為了付錢給央行，持有的貨幣數量會減少。這時銀行提供企業貸款的餘裕會減少，利率也就上升了。因為流通的貨幣數量減少，個人和企業變得無法用錢，經濟因此放緩。

學生　所以這些買賣操作，基本上都是在中央銀行與民營銀行之間進行的囉！

　　沒錯。重點在於過程中政府都沒有參與。因為，假如中

央銀行是透過政府買入公債，藉此開始給予政府資金的話，那麼央行恐怕就無法控制貨幣發行。

如此一來，這可能導致政府喪失財政紀律，引發惡性通貨膨脹（而不是復甦經濟導致的的通貨膨脹）。也因此，日本央行曾通過一項《公共財政法》，禁止政府直接透過公債進行融資（也就是央行不能直接承購政府新發行的公債）。

如果央行可以直接購買公債，恐怕就會有無意間介入政府政策的風險。這是長久以來學到的寶貴經驗，而且不僅僅只是日本，其他已開發國家也明文規定禁止央行承購公債。

> **再多知道一點！**
>
> 公債的公開操作方式主要有兩種：「利率招標法」和「固定利率購債」。前者是指會按照利率高低順序競標，提出愈高利率者愈優先得標；後者則是指央行以固定利率向民營銀行購買，數量可以不受限制，也可以事先設定上限。

調整利率，帶動消費

一起來看看實施貨幣寬鬆與貨幣緊縮政策的另一個工具。

② **政策利率操作**

這個方法是中央銀行藉由改變向民營銀行貸款的利率（政策利率），來誘導民營銀行向企業貸款的利率（見圖

2-4）。與公開市場操作一樣，這個方式具有增加或減少銀行貸款的效果。

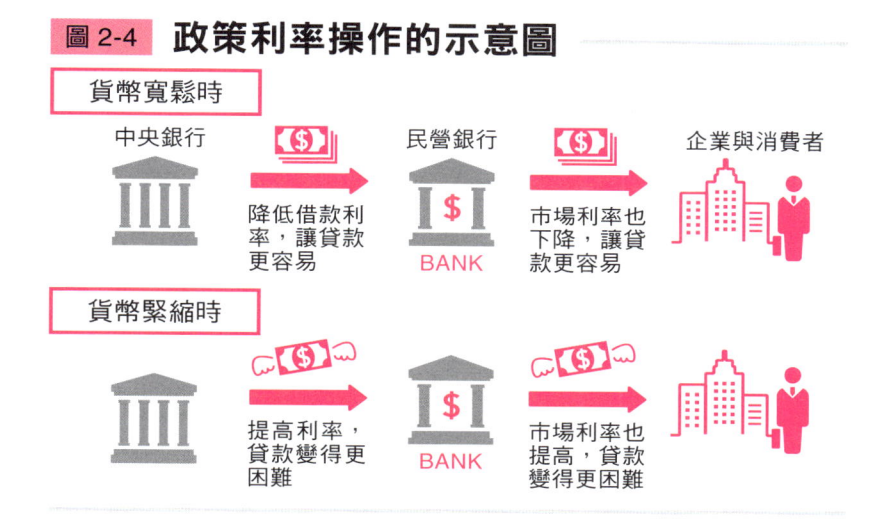

圖 2-4　政策利率操作的示意圖

貨幣寬鬆時

中央銀行 → 降低借款利率，讓貸款更容易 → 民營銀行（BANK）→ 市場利率也下降，讓貸款更容易 → 企業與消費者

貨幣緊縮時

中央銀行 → 提高利率，貸款變得更困難 → 民營銀行（BANK）→ 市場利率也提高，貸款變得更困難 → 企業與消費者

　　政策利率操作是：**當中央銀行想要活絡經濟，施行貨幣寬鬆政策（也就是增加貨幣數量）時，就會從當下開始降低政策利率**。假設利率由2％降低到1％，民營銀行就能以較低的利率向央行貸款，一般企業也能以較低的利率向民營銀行貸款。如此一來，企業能夠拿這筆錢購買新機器，消費者也可以購買房地產，就能達到活絡經濟、提高商品價格，促進經濟發展的目的。

　　另一方面，**當中央銀行為了穩定經濟，施行貨幣緊縮政策（也就是減少貨幣數量）時，就會從當下開始提高政策利率**。譬如說，如果利率從2％變成3％，民營銀行就必須以更高的利率向中央銀行貸款，而民營銀行提供給企業和個人的貸款利率也會跟著往上調。愈來愈難貸款的話，就會抑制企

業投資設備及消費者的消費行為，便可以讓過熱的景氣和緩，物價也不會過度上漲。

此外，雖然政策利率操作，基本上調整的是1年以內的短期貸款利率，但針對1年以上的長期貸款，金融機構則會另行設定利率。

學生 長期利率也可以操作嗎？

基本上，長期利率是由想買賣債券的人形成的供需市場關係所決定的。也就是說，如果想購買債券的人多於想出售債券的人，債券的價格就會上漲，長期利率就會下降；另一方面，如果想出售債券的人多於想購買債券的人，債券價格就會下跌，長期利率就會上升。其中，市場上發行量最大的「10年期公債」是更容易反映市場預期，因此被視為長期利率的指標。

因此，央行藉由增加或減少10年期公債的購買量，也可以在一定程度上控制長期利率。長期利率一旦出現波動，不僅會影響企業貸款的利率，也會影響1年以上定期存款利率和長期的房屋貸款固定利率。

學生 那麼，短期利率和長期利率，哪個比較重要？

兩個都很重要，因為景氣是以數年為單位在循環的。因此，市場可能更關心短期利率吧！老實說，短期利率經常是新聞中討論的議題。

公開市場操作和政策利率操作有什麼不同？

比起貨幣寬鬆，貨幣緊縮更能看到效果

　　日本央行每年大約召開 8 次「貨幣政策會議」。（台灣情況請見附錄 2-1）央行每天都會分析各種指標，像通貨膨脹率、失業率、國內生產毛額（GDP）和景氣動向等，來決定貨幣寬鬆或貨幣緊縮的方向。

學生　貨幣寬鬆和貨幣緊縮，哪個效果比較好？

　　一般來說，貨幣寬鬆政策比較不容易發揮效果，而貨幣緊縮政策則比較容易看見成效（見圖 2-5）。

> **貨幣政策的不同效果**
>
> 貨幣寬鬆政策……比較不容易發揮效果
> 貨幣緊縮政策……比較容易看見成效

　　貨幣寬鬆政策之所以較難發揮效果，原因在於經濟衰退期間，企業和個人都擔心未來的業績和生活。**就算央行透過買入操作，向民營銀行注入資金，但因為企業沒有信心能好好經營事業，就沒有借錢的需求**。如此一來，資金大量滯留

第 2 堂課　復甦景氣的貨幣政策

圖 2-5　貨幣寬鬆與貨幣緊縮的政策效果

貨幣寬鬆	貨幣緊縮
施行「買入操作」或調降利率	施行「賣出操作」或提高利率
⬇	⬇
企業、個人對未來業績或生活感到不安	市場上流通的總體貨幣量減少
⬇	⬇
不一定能夠馬上讓企業展開新投資，或個人能立即開始消費	企業或消費者能夠貸款的金額變少，進而容易抑制投資與消費

貨幣寬鬆政策比較不容易發揮效果，
貨幣緊縮政策則比較容易看見成效

在民營銀行裡，貨幣寬鬆政策的效果也就難以充分發揮。

此外，即使降低政策利率，只要經濟前景仍然黯淡，企業和個人就不會馬上投入新投資或進行消費。相反地，大家還是傾向於繼續保持謹慎的態度。

而且，政策利率的調降幅度有限也是問題。一旦不斷降低利率，最終數值會變成零，就無法再進一步降低，而且藉由降息來刺激景氣的效果也很有限。這就是貨幣寬鬆政策很難重振經濟的原因。

另一方面，貨幣緊縮政策會先減少總體貨幣量。由於民營銀行持有的資金減少，消費者和企業能貸款的資金也會跟著降低。

此外，與調降政策利率不同的是升息幅度沒有上限。如

果提高5％不夠，就調漲到6％、7％……一旦貨幣緊縮導致利率大幅上升，就會確實抑制企業和家庭的借貸需求。因此比起貨幣寬鬆政策，更容易期待貨幣緊縮政策的成效。

學生 這是不是表示央行比較容易抑制需求拉動型通膨，比較難改善通貨緊縮呢？

沒錯，你的理解基本上是正確的。在景氣過熱的需求拉動型通膨的環境下，貨幣緊縮政策可望發揮效果；另一方面，在通貨緊縮的情勢下，即使施行貨幣寬鬆政策來刺激經濟，效果卻很有限。

該控制貨幣量，還是展開操作利率？

學生 話說回來，我覺得公開市場操作和政策利率操作似乎可以達到相同的效果，但兩者該怎麼運用呢？

這是個好問題！這兩個方法都是央行用來達成政策目標的工具，但是調整金融市場的方式卻不一樣。

公開市場操作會透過操縱貨幣數量（＝貨幣供給量），來實施貨幣寬鬆或貨幣緊縮政策。

另一方面，政策利率操作則是透過操縱政策利率，來實施貨幣寬鬆或緊縮政策。至於要控制貨幣量還是操作利率，則取決於哪一種方法更有效。像日本，就在2013年開始實施「超常規量質兼備寬鬆貨幣政策」（Quantitative and Qualitative Easing, QQE）（見第85頁）。

學生 什麼是「超常規量質兼備寬鬆貨幣政策」啊？

　　量質兼備寬鬆貨幣政策裡的「量」，是指貨幣政策的重點從過去的利率轉向貨幣數量，變成以增加貨幣數量為目標。

　　另一方面，「質」則是指增加公債等證券的持有量。日本央行會大量購入公債，以增加市場上流通的貨幣數量。

　　從這兩種情況可以看出，當今日本貨幣政策的重點已經轉移到「貨幣數量」上了。**希望透過增加「貨幣數量」（讓市場上流通的貨幣數量變多），朝喚起消費需求、振興經濟的方向努力。**

為什麼央行
傾向維持 2% 通膨率？

政府和央行不應該互相合作嗎？

前面我曾經提過，執行貨幣政策的主角是中央銀行。但是，要穩定國家經濟，政府也扮演重要角色。

學生 那麼央行和政府聯手救經濟，似乎可以獲得更龐大的效果呢。

你的觀察很敏銳呢！**事實上，一般普遍認為央行和政府應該獨立制定經濟政策，不該合作**。為什麼大家這麼認為呢？我們先來看看政府和央行的關係吧！

貨幣政策是透過調整央行向民營銀行貸款的利率，以及增加或減少民營銀行持有的貨幣數量來調節景氣。

另一方面，政府則是為了刺激景氣而施行財政政策（見244頁）。雖然財政政策也是為了活絡經濟、穩定物價而實施，但兩者執行的方法不同。

本書第244頁將會針對這個部分詳細說明。我在這裡先舉例說明：當景氣低迷時，政府會透過擴大公共工程項目來增加財政支出，或修改稅制以減少稅收。希望藉此刺激民間的消費和投資，控制國家整體需求，帶動經濟復甦。

不論政府和央行都實施了振興經濟和穩定物價的政策，但是兩邊對貨幣政策的看法有微妙的差異。這微妙的小差異，正是央行和政府不該合作的原因。

考慮到選舉的政府心理與行動

以政府和央行對通貨膨脹的應對來舉例說明，就可以明顯看出雙方的看法不同。

如果物價不斷下跌、通貨緊縮持續，經濟就難以復甦，因為大家投資和消費的意願都不會太高。

此時央行和政府都希望能擺脫通貨緊縮，並以通膨為目標，可是兩邊的通膨目標卻截然不同。

讓我從政治人物的心理開始，一步步解釋這一點（見圖2-6）。

首先，政府底下的多數政治人物（執政黨的政治人物）都想贏得下一次的選舉，保住執政黨的地位，所以他們會站在振興經濟的立場。**如果經濟得以復甦，失業率就會下降，有助於政治人物贏得選票。**

短期來看，為了增加就業率＝刺激經濟，通膨率愈高效果愈好。具體來說，5％或6％的更高通膨率可以降低失業率，而不是常見的2％左右。因此，**政府會傾向通膨率愈高愈好**。即使未來通膨率有上升過快的風險，但相對於擔心未來的通膨率，關心就業問題會不會陷入困境的人反而更多。

期望經濟安定成長的央行意圖

另一方面，日本中央銀行是由一群金融專家組成，不受選舉影響人事任命。日本央行總裁的任期為 5 年。（台灣情況請見附錄 2-2）由於沒必要擔心即將到來的選舉，就不會從短期角度考慮通膨率。

倒不如說，**日本央行更擔心中長期通膨率持續上升的風險**。前面我曾經提到，如果政府過度刺激經濟，通膨率將持續上升，最終可能出現物價飆漲和泡沫經濟等嚴重的混亂情形。

為了避免上述混亂的局面，日本央行對於通膨率的立場更為謹慎。**為了抑制政府想要追求更高通膨的衝動，央行把通膨率設定在 2%左右**。

簡單解釋的話，大家可以把通貨膨脹率視為衡量經濟活動（如就業狀況）的粗略指標，就好像我們的體溫一樣。

2%左右的通膨率相當於正常體溫，通貨緊縮就是體溫過低，5%則是體溫過高。不管體溫太低或太高，都表示身體生病了。

相反地，如果通膨率達到 5％，薪資也會隨之上漲，導致商品價格頻繁漲價。這時消費者會擔心一直漲價，而焦慮地開始搶購囤貨。由於企業發現銷售量增加，就會努力提高產量、延長機器運行時間，並要求勞工加班。但如果過度追求提高產量，只會造成經濟疲軟，人民疲憊不堪，**機械和勞工都會漸漸不堪重荷。因為短期內能夠生產商品的數量是有限的**。

由於供應能力只能逐漸增加，需求最好也能夠按比例逐漸提升比較好。因此，要維持穩定的經濟復甦，一般認為相對應的適當通貨膨脹率在 2% 左右。

圖 2-6　政府與央行對通貨膨脹的看法

日本政府：我們想贏得下次的選舉，所以要增加就業率、活絡景氣。通膨率愈高，失業率就愈低。就把通膨率設在 5 或 6%吧

日本央行：我們不會因為選舉而左右人事任命。一旦維持 5%的高通膨率，會消耗機械與人力。因此，將通膨率的目標設在能穩定活絡經濟的 2%

<u>雙方對於通貨膨脹的觀點有根本上的差異</u>

央行不一定聽從政府

　　從通貨膨脹的例子中，就可以看出政府和銀行的觀點有著微妙的差異。因此，一般認為身為金融專家的央行應該不受政治壓力影響。雖然政府是一國國家內最有權力的機構，但是如果央行不管什麼都聽從政府，就無法發揮它應有的角色。

　　簡單來說，央行與政府的關係，就類似公司裡的老闆與下屬。央行總裁由政府任命。因為政府握有任命人事的權力，因此就某種意義上來說，政府就像是公司裡的老闆。但是，**日本央行是處於可以不聽上級意見的地位**。

學生 一般公司不太有這種特殊關係呢！但是為了維持經濟穩定，這樣的關係非常重要啊！

　　沒錯，正是如此！在經濟學中，中央銀行的地位是「政治獨立」。但是 2013 年發生的事件，讓日本央行的獨立性受到威脅，並成為近年來備受矚目的重大議題。接下來，我們就好好來談談這起事件吧！

政府和央行攜手實行的超常規寬鬆貨幣政策

日本央行為何與政府同調？

2013 年，日本政府和日本央行聯合發表了「協議」聲明。主要內容是希望擺脫通貨緊縮並讓經濟維持永續成長，因此將通膨率目標設定為 2%。為此，日本央行便確定推行強而有力的貨幣寬鬆等政策。

學生 咦？但剛剛我們不是才學到日本央行應該要維持獨立，不應該與政府合作嗎⋯⋯

你說得沒錯，這的確是違背原則、奇怪的事情。政府和央行通常不會共同宣布經濟目標，但這次卻攜手設定以「2% 通膨率」為目標。發生這件事的時代背景，是因為**日本經濟長期陷入通貨緊縮、景氣相當低迷**。

當時的首相安倍晉三，強烈希望擺脫通貨緊縮、振興日本經濟。另一方面，日本央行原本就想讓通膨率維持在 2% 左右，而不希望施行通貨緊縮。因此，日本政府便以顯露強烈介入意圖的方式，不再與日本央行各自為政，而是雙方明確展現共同合作的姿態。

超常規寬鬆貨幣政策是什麼？

大家可能都聽過「**超常規寬鬆貨幣政策**」的詞彙吧？這是日本央行和政府共同實行的政策。前日本央行總裁黑田東彥[1]，負責從金融面支援執行 2013 年安倍政權的經濟政策「安倍經濟學」。

圖 2-7　超常規寬鬆貨幣政策的示意圖

日本政府　　兩方共同設定通膨率為 2%　　日本央行

內容
① 日本央行大規模購買公債（政府債券）　② 將利率降低至接近 0

結果沒有振興經濟。日本央行與政府的貨幣政策因為一體化，而衍生弊病

如圖 2-7 所示，超常規寬鬆貨幣政策運用了兩種手段：**① 是透過購買公債，大幅增加流通的貨幣數量；② 是當利率趨近於 0 時，對消費者和企業來說，投資、消費或貸款買房都比把錢存在銀行更有利。**

雙方希望藉由這些方法，刺激消費者和企業的需求，期

1　編按：日本在任時間最長的央行總裁，於 2023 年卸任，結束長達 10 年的任期。

待將通貨緊縮的心理轉變為通貨膨脹。

此外，日本央行也希望透過引導匯率，讓日幣貶值進而帶動經濟復甦。我們會在第 151 頁詳細解說相關內容。

日本央行是否還維持政治獨立？

從超常規寬鬆貨幣政策開始，直到 2024 年為止，日本央行和日本政府的貨幣政策一直都保持高度的一致性。

學生 這樣會不會出問題啊？

持續實施 10 年以上的超常規寬鬆貨幣政策，確實產生弊病。日本央行持有的公債數量逐年增加，截至 2022 年 9 月底，日本央行持有的公債數量占總發行量的 50.26%，首次超過 5 成。[2] 你認為這表示發生了什麼事？

學生 因為公債是政府的借款，所以我覺得日本央行正在大量貸款給政府。

沒錯！日本央行持有一半以上的政府債務（公債），這種情況之所以很罕見，是因為前面曾提到，日本央行被禁止

2　編按：直到 2024 年 3 月，日本央行持有政府公債超過 598 兆日圓，數量占比為 53.3%，創歷年財務年度最高水準。隨著長達 10 年的貨幣寬鬆政策結束，日本央行採取取消公債利率上限和減少國債購買等行為，2024 年 12 月 31 日日本央行持有的日本政府公債已降低為 582 兆日圓。

直接購買政府發行的公債。但即便如此，日本央行還是可以從民營銀行購買公債，才會造成目前的局面。

但是，**日本央行今後無法以過往的速度購買公債，而且超常規寬鬆貨幣政策也可能導致日圓過度貶值**。

日本央行總有一天必須結束超常規寬鬆貨幣政策，並以升息策略來展開退場策略（exit strategy）吧！

但想提高利率，會造成公債的發行條件惡化。因為一旦利率上升，公債價格就會下跌。政府不願意提高利率，就是擔心如此一來會導致公債價格下跌。

此外，一旦投資者基於前面提到的原因，而開始認為持有公債有風險，那麼公債價格甚至可能會暴跌。因此，大家目前都很關心日本央行會怎麼做，才能在不引起公債市場混亂的情況下，恢復正常的貨幣政策。

再多知道一點！

日本央行認為，截至 2024 年 2 月，日本經濟尚未復甦，也還沒有形成良性的經濟循環。如果 2024 年的薪資成長能超過通膨率、通膨率能持續維持在 2% 左右，帶動經濟活絡的話，那麼在日本央行的貨幣政策中，可能就會出現升息的退場策略。

搞懂經濟學大小事

不僅關心流量，也留意存量價格動態

為了實現 2% 的通膨率，日本央行正謹慎地判斷和執行貨幣政策。其中大家最矚目的重點是流量和存量的價格動態。

學生「流量」和「存量」，兩者的差異在哪裡啊？

日常生活用品和服務是隨消費而「流動」的流量；土地和住房則是當成自己資產「保存」的存量。

透過追蹤流動商品和服務的價格走向，就可以掌握物價是上漲或下跌，進一步判斷是否需要抑制通貨膨脹。

但是，如果只追蹤流量物價，往往容易忽略掌握存量的資產價格變動。流量物價和存量價格不一定會同步變動。即使流量物價保持穩定，存量價格也可能上漲。這是因為資產價格波動很激烈。

通貨膨脹是指流量的商品和服務價格持續上漲，另一方面泡沫經濟則是指存量資產價格持續大幅上漲（偏離基本條件下的合理價格）。

事實上，當日本在 1980 年代後期出現泡沫經濟時，股票、土地價格等存量的資產價格暴漲，流量的商品和服務價格卻相對穩定。因為，日本央行沒有密切留意存量的動向，而忽視了泡沫經濟的早期跡象。

日本央行因此學到教訓：追求物價穩定時，不僅要關心流量（商品和服務）的價格動向，也要注意存量（資產）的價格動向。

公債利率上升，
將對全球經濟產生負面影響

公債利率隨景氣波動變化

到目前為止，「公債」這個詞出現在本書好幾次了。

公債在貨幣政策中也扮演非常重要的角色。我們已經說明過，事實上，在貨幣政策的公開市場操作中，央行透過買賣民營銀行持有的公債等金融商品，來調整民營銀行持有的貨幣數量。

從現在開始，我們把焦點放在公債上面，進行更深入的探討。首先從基礎開始學習，請問大家公債到底是什麼？

學生 我以為，公債是國家向個人、銀行借款的憑證。

沒錯！公債是政府為了借錢所發行的國家債務憑證。你購買公債就是把錢借給國家。

公債與股票、房地產一樣，都屬於金融產品。除了「專業機構投資人」的金融機構，像銀行、保險公司、證券公司等之外，一般民眾也可以購買公債。

就像存錢有利息，購買公債的人每年可以獲得1、2次的利息，是國家對他們借出資金提供的報酬。公債到期後，就可以拿回借出的資金。

例如，假設 A 銀行購買了面額 1 億元的 10 年期公債，票面利率為 0.2%。這時利息會按照下面的方式計算，如下：

> **利息**
>
> 每年的利息：1 億元 x 0.2% = 20 萬元
> 10 年的利息：20 萬元 x 10 年 = 200 萬元

除了前面提到的，10 年後一開始投資的 1 億元，將會一次償還給購買公債的人。若發行公債時利率上升，利息金額自然也會跟著增加；若利率下降，利息金額當然也會減少。

學生 公債利率是怎麼變動的呢？

公債利率由公債市場的供需關係所決定（與第 1 堂課提到的價格決定是相同道理），同時也會隨著景氣和市場利率的波動而變化。

舉例來說，若景氣好轉，物價容易上漲。為了幫通貨膨脹踩剎車，央行會提高政策利率，希望抑制物價上漲。由於預期利率可能繼續上升，長期利率也會隨著一起看漲。市場利率愈高，股票、投資房地產和債券吸引不到資金。公債價格也下跌了。為了吸引更多人購買，就必須調高公債利率。

公債利率上升，會產生什麼影響？

那麼，公債利率的升跌對國家有什麼影響？當公債利率上升時，會出現以下幾個影響：

① **國家財政吃緊**

一旦公債利率上升，政府支付給投資者的利息也會增加。支出的利息愈高，政府的財政負擔就愈重。由於政府預算有減少的風險，因此有必要削減財政支出或考慮增收新稅收。

② **國家主權信用評等下降**

公債利率一旦上升會嚴重影響國家財政，也可能導致國家的主權信用評等（sovereign credit ratings）被調降。「國家主權信用評等」是衡量國家或企業償還債務能力的標準，由「信用評等機構」計算得出。

一旦國家的信用評等被調降，投資者便會判斷該國可能無法按時償還債務。因為投資者會認為該國很可能沒有能力償還本金和利息（債務違約）。結果，投資者購買公債的需求也會因此減少。國家不提高公債利率，投資者就不購買公債，因而陷入惡性循環（見圖 2-8）。

從希臘危機來看公債的影響

學生 如果 ① 國家財政吃緊和 ② 國家主權信用評等下降同時發生，會發生什麼事？

讓我舉例說明。2010 年代初期，所謂「希臘債務危機」的經濟財政危機爆發。導火線是希臘在 2009 年政權交替時，才發現政府隱匿嚴重的財政赤字問題。起初希臘政府宣稱財政赤字僅占國內生產毛額（GDP）的「5%」，但實際上卻高達「13.6%」。

圖 2-8　公債利率上漲的影響

國家財政吃緊	國家主權信用評等下降
如果不上調公債利率，投資者不想購買公債	若被視為國家財政惡化，國家主權信用評等就會被調降
⬇	⬇
政府支付給投資者的借款利息＝支付利息的費用增加	因為購買公債的需求減少，國家愈來愈借不到錢

公債價格下跌，可能會引發金融危機，如希臘債務危機

這件事情曝光後，希臘國債在金融市場上的信用立刻崩盤，信用評等機構也迅速調降希臘的國家主權信用評等。如此一來，導致公債利率飆升，最高曾達到「36.5％」，這表示投資者認為投資希臘公債的風險非常高。

希臘公債利率上升的同時，公債的價格卻下跌。這一點我們前面已經提到，利率和資產價格成反比。

希臘債務危機的影響跨越國界。這場危機不僅波及曾大量貸款給希臘的德國，導致德國的信用出現危機，德國公債價格也下跌；和希臘一樣都存在巨額財政危機的義大利、西班牙等國的公債價格也隨之下降。

此外，隨著希臘公債價格下跌，歐洲金融機構的損失也不斷擴大，而陷入經營惡化。最終，影響範圍更蔓延至全歐洲的金融機能也跟著一起衰退。

雖然當時希臘得到國際貨幣基金（International Monetary Fund, IMF）和歐盟（European Union, EU）的金融援助，但

最終整體經濟還是遭受嚴重打擊，而陷入衰退。

　　因此，衡量國家財政狀況的公債評等若被調降，一定會對經濟產生影響。特別是當外國投資者持有該國大量政府公債時，**這些公債的利率一上升，可能會對全球經濟整體造成負面影響**。

公債利率下降，銀行將陷入困境

若公債利率下降會發生什麼事？

現在我們來學習，一旦公債利率下降會產生什麼影響。我先問大家：公債利率什麼時候會下降？

學生 當購買公債的需求變高時，對不對？

正確答案！**換句話說，當公債在金融市場的交易非常活躍，公債價格上漲時**，利率就會下降。

例如，當央行為了刺激經濟並實施貨幣寬鬆政策時，會大量購買公債。公債交易相當活絡，民營銀行持有的資金量增加，是讓公債利率下降的主因。

公債利率與景氣的關係大致如下：

公債利率與景氣的關係

景氣壞→貨幣寬鬆→購買公債→公債漲價
→公債利率下降
景氣好→貨幣緊縮→拋售公債→公債降價
→公債利率上升

從上面的整理可以看出：經濟衰退時期，股票價格下跌，作為安全資產的公債價格反而上漲，利率則會下跌；另一方面，經濟繁榮時期，投資資金容易流向其他金融產品，公債價格就會下跌，利率通常就會上升。

利率降低，影響金融市場和銀行經營

利率降低主要會產生兩大影響。

① 民營銀行獲利減少

日本央行主導超常規寬鬆貨幣政策的目的，是希望透過低利率來振興經濟。由於日本央行大量購買公債，導致市場上流通的公債價格上漲、利率下跌，導致整體金融市場的低利率環境。

在低利率的環境下，民營銀行的放款和存款利率的利差縮小，造成獲利難度加大。

例如，假設民營銀行將累積的存款當成本金，拿去投資公債和貸款，並從利息中賺取利潤。銀行獲利的計算公式如下。

民營銀行的公債與貸款獲利

「公債的利息收入（A）＋放款的利息收入（B）
－存款的利息支出（C）」＝利潤

假設 A、B、C 的數字分別是：
A＝公債的利息收入（50 億元、利率 0.5％）→ 0.25 億元
B＝放款的利息收入（50 億元、利率 1％）→ 0.5 億元

C＝存款的利息支出（100 億元、利率 0.2％）→ 0.2 億元

放入公式則會得到這樣的結果。

> 「0.25 億元（A）＋ 0.5 億元（B）－ 0.2 億元（C）」
> ＝ 0.55 億元

所以銀行獲利 0.55 億元。此時如果公債利率從 0.5％下降到 0.3％，放款的利率從 1.0％下降到 0.5％，會發生什麼事呢？（＊存款利率不下降）。

民營銀行的公債與貸款獲利變化

> 公債的利息收入（A）0.25 億元→減少到 0.15 億元
> 放款的利息收入（B）0.5 億元→減少到 0.25 億元
> 存款的利息支出（C）0.55 億元→減少到 0.2 億元
> 「0.15 億元（A）＋ 0.25 億元（B）－ 0.2 億元（C）」
> ＝ 0.2 億元

從上面的計算可以得出，當利率下降時，銀行的獲利也會減少。如此一來，對於銀行的經營會造成負面的影響。

在利率極低的環境下，因為存款利率幾乎已經降到最低點，接近於 0，即便放款利率下降，也很難再調低存款利率。結果，**利率下滑不僅沒有改善銀行利潤，對企業的融資更謹慎。整體來說，無法期待能明顯刺激日本經濟發展。**

② **未來調漲利率時，可能導致央行財政和政府運作惡化**

「資產負債表」（Balance Sheet）是顯示公司在某個時間

點的財務狀況指標。透過資產負債表,可以知道「存款是否足夠」或「債務是否過多」,藉此掌握公司的管理是否健全。

如果央行持有過多公債,而且利率持續在低位,央行的資產負債表就會面臨重大風險。因為如果未來市場利率上升,公債價格就會下跌,到時候央行持有的公債就會產生虧損。

圖 2-9　公債利率下降的影響

造成金融市場整體處於低利率環境	未來利率上升,將對央行財務帶來風險
央行大量購買公債,公債利率下降	未來利率上升時,公債造成的損失也必須納入計算
↓	↓
在低利率的環境下,民間銀行的獲利很難增加	央行的財務狀況會因為「未實現損失」而大幅惡化

一旦投資者覺得持有公債的風險太高,
公債的價格可能就會暴跌

學生　一旦市場利率上升,公債價格就會下跌啊!

沒錯!根據日本央行的估算,截至 2023 年 9 月底,央行持有公債已產生 10.5 兆日圓的「未實現損失」(unrealized loss),是史上最高的金額。[3] 就像前面提到的,公債利率一

3　編按:2024 年 11 月 27 日日本央行發表 4-9 月的中間決算時指出,截至 9 月底,公債的未實現損失為 13 兆 6,604 億日圓,已超過去年同期的 10 兆 5,000 億日圓。

旦上升,價格就會下跌。

　　未來,日本央行若採取退場策略,大量賣出公債(也就是執行所謂的量化緊縮),將會被迫在到期前,拋售已經產生未實現損失的公債。因為公債價格會下跌,日本央行的財務狀況也會大幅惡化。**由於日本央行需將盈餘上繳國庫,但是因為金額減少,預計也將影響國家的財政管理**。

＼再多 知道 一點！／

> 到期前想在市場賣出公債時,售價是由供需關係所決定。例如新發行的公債利率較高的話,投資者就會傾向購買新發行債券,而不是去買尚未到期的公債(相較起來後者利率較低)。如果到期前出售公債,條件會變得更糟糕,售價甚至會低於原本的面值。如此一來,就會產生資本損失(capital loss)。

如果銀行倒閉，
存款怎麼辦？

一旦發生信用危機可就糟了！

大家想過銀行可能倒閉嗎？如果倒閉了，我們存在銀行的錢怎麼辦？這裡討論的是可能造成民營銀行倒閉的「信用危機」，也就是存戶的心理與影響。

首先，銀行提供企業貸款、企業往來做生意，都是建立在「信任」對方的前提上。銀行不想和拖欠繳款或不依照合約執行的公司繼續往來。而存戶會把錢存在銀行裡，是因為「相信」銀行會妥善且安全保管存款，我們除了本金外還可獲得利息。所以，「信用」是所有金融活動中不可或缺的一環。

那麼，我又要在此處提出問題！大家通常在什麼時候會開始無法相信朋友呢？

學生 朋友若是不遵守承諾、不歸還我們借給他們的東西，就沒辦法再相信他們。要是發生這樣的事情，我會在 LINE 上封鎖對方。一旦情況變得非常糟糕，我甚至可能會切斷與朋友的所有聯繫。

嗯，確實如此。企業與銀行的交易也是這樣。銀行持有

存戶和投資者的資金,如果銀行經營不穩定,存戶和投資者就會失去對銀行的信任,出現「存款可能拿不回來」的擔憂,這就是所謂的「信用危機」。

一旦因為某些契機引發的「信用危機」變得嚴重時,就會出現「擠兌」的現象,就是大量存戶跑去銀行,想領出存款(見圖 2-10)。

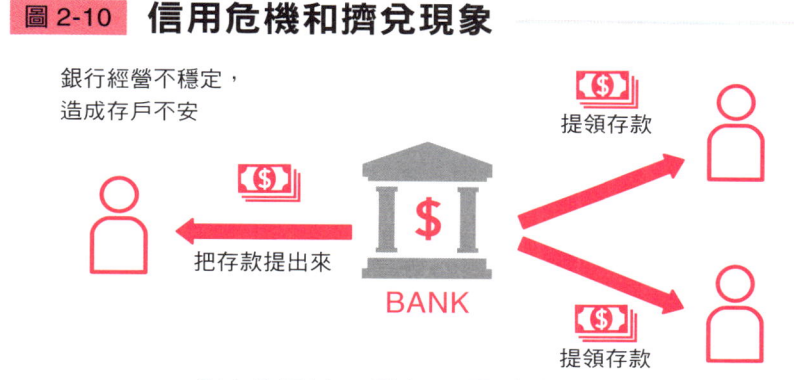

圖 2-10　信用危機和擠兌現象

銀行經營不穩定,造成存戶不安

提領存款

把存款提出來

BANK

提領存款

「擠兌風波」變得更嚴重的話,
會造成銀行大幅度的損失,導致銀行倒閉

這會造成存戶大量湧入金融機構據點,發生非常混亂的情況。**如果大量民眾同時要求解約,一次性贖回大量存款,銀行也沒有足夠的現金來滿足所有人的要求**。這將引發連鎖反應,民眾不僅對那間銀行喪失信心,這樣的不信任感也會蔓延,擔心其他銀行出現相同問題。在最壞的情況下,可能還會導致金融市場整體的不穩定。

擠兌風波造成銀行倒閉

近期就發生了一起銀行擠兌的事件。2023年3月，美國西岸的矽谷銀行（Silicon Valley Bank）發生擠兌而倒閉。

矽谷銀行積極投資IT產業。然而，從2022年左右開始，IT整體產業業績下滑。這是因為新冠疫情導致過往繁榮盛況趨勢反轉。

業績下滑的公司開始一家家從矽谷銀行提取存款。提款金額高達總存款的24％，總計約420億美元。再加上當時美國的利率正在上升，所以銀行持有的金融資產價值下跌，銀行遭受的損失也愈來愈大。

最後，矽谷銀行的現金短缺9.58億美元。儘管銀行已經努力籌集資金，最後還是因為無法解決問題，只能宣布破產。

學生 銀行倒閉真的好可怕啊……

值得一提的是，矽谷銀行的擠兌事件有點特別。人們沒有湧向實體銀行，而是透過線上就立即提款。因此，一旦發生銀行擠兌，消息會瞬間傳播，人們擠兌的速度會加快。

隨著網路發展，大家現在不用親自跑一趟銀行就可以擠兌了。矽谷銀行倒閉，擠兌成為最新事例而備受矚目。

雷曼兄弟事件的開端也是信用危機

如果某家金融機構因為「信用危機」而倒閉，公司和一般民眾過去使用支付等的服務都無法再使用。最壞的情況很

可能還會對整體經濟活動造成重大影響。

2008年爆發的全球金融危機「雷曼兄弟事件」，導火線就是美國大型投資銀行雷曼兄弟控股公司（Lehman Brothers Holdings Inc）倒閉。總債務超過6,000億美元，是歷史上規模最大的銀行倒閉事件。

事實上，**信用危機導致一連串的企業破產，擾亂全球股市和債市，並引發全球經濟衰退**。這個案例也顯示，包括日本大型銀行在內的全球性金融機構倒閉，不僅會對該國經濟造成巨大影響，也會嚴重衝擊全球經濟。

每人都有存款保險

學生 要是我存錢的銀行倒閉了，存款還拿得回來嗎？

日本有「存款保險制度」。（台灣情況請見附錄2-3）根據存款保險制度，一旦金融機構倒閉，存款人的存款和其他資產將受到一定金額的保障。

假設一家金融機構倒閉，這個制度保障每位存款人在該機構的全部存款，最高金額可達1,000萬日圓。

學生 呼～這樣我多少可以安心一點了。但是，只保障1,000萬日圓啊！還是有必要注意委託保管的金融機構有沒有好好管理跟經營啊！

為了保護自己的資產，理解經濟和金融趨勢非常重要！順道一提，為了避免引起信用危機，各國政府也會採取相對

應的措施。

金融機構會倒閉是因為到目前為止的經營管理有問題。日本金融廳[4]和日本中央銀行會定期針對民間金融機構進行現場檢核是否管理鬆懈，即所謂的「金融廳檢查」和「日本銀行檢查」。

其中，日本的三菱日聯銀行、三井住友銀行、瑞穗銀行等，都是比其他金融機構規模更大的大型銀行。金融監管機構會定期監控這些大型銀行和其他大型外國證券公司。

一旦金融機構倒閉，有高度的危機可能會波及眾多企業和一般民眾，因此金融廳和日本央行對於經營健全性，設定了相當高的標準。

第2堂課廣泛說明了以貨幣寬鬆、貨幣緊縮等為中心的貨幣政策，也提及公債的利率變動、銀行倒閉等內容。這些議題的共同點就是——它們對國家經濟有非常大的影響。一旦處理不當，就可能引發全球性的經濟問題。

這時各國央行和政府會採取什麼措施呢？只要具備本章說明的知識並思考，相信大家某種程度都應該能預測未來趨勢了。

---

4 譯註：Financial Services Agency, FSA。負責監督與管理日本的金融事務、制定金融政策，以維持金融穩定，確保存款人、被保險人、金融商品投資人的權益，類似台灣的金融監督管理委員會（簡稱金管會）。

第 3 堂課

3st period

貨幣貶值或升值，

哪個比較好？

了解貨幣貶值和升值的
基礎知識

在國外消費，要把本國貨幣換成外幣

我想，大家可能常在新聞裡看到「貨幣疲軟」和「貨幣走強」的說法。

因為本國貨幣價值會根據與外幣的關係而改變，有時貶值，有時升值。因此，或許大家看起來會覺得有點複雜。

但是，本國貨幣的貶值或升值也是影響食品、水電費和服裝費用等日常開銷的重要議題。因此，在第 3 堂課中，我們將學習貨幣貶值和升值的相關知識，以及這與你我日常生活的關係。

學生 麻煩老師了⋯⋯但我果然還是覺得貶值和升值有點複雜。老實說，我其實不太懂升值、貶值的運作機制。

好的，那我們就從最基本的開始談起。

世界各地有許多不同的貨幣。日本使用日幣，海外則使用美元、歐元、人民幣、韓元等多種貨幣。

因此，我們如果想在國外買東西，就必須將本國貨幣兌換成外幣。**將一種貨幣兌換成另一種貨幣，此時的交換比率就稱為換匯行情（匯率）。**

學生 所以在新聞上常看到的「1 美元 = 120 日圓」，這種資訊就是匯率囉！

沒錯。問題就在於，匯率是會變動的。以日圓與美元的匯率來舉例的話，在不同的時間下，1 美元可能等同 120 日圓，也可能是 130 日圓。

假設你現在要出國旅行，口袋裡有 10 萬日圓，此時的匯率是 1 美元 = 140 日圓。如果把這些全部換算成美元的話，10 萬日圓可以兌換 714 美元。過去曾有一段時間（大約在 2009 年），匯率是 1 美元 = 100 日圓。所以約 15 年前出國旅行，把 10 萬日圓兌換成美元，可以兌換到 1,000 美元。

由此可見，**雖然換算成日圓的話金額都是 10 萬，但去海外要兌換美元，貨幣價值會隨著時間而變化**（見圖 3-1）。

圖 3-1　換匯行情

出國旅遊時，將攜帶的 10 萬日圓換成美元的話⋯⋯

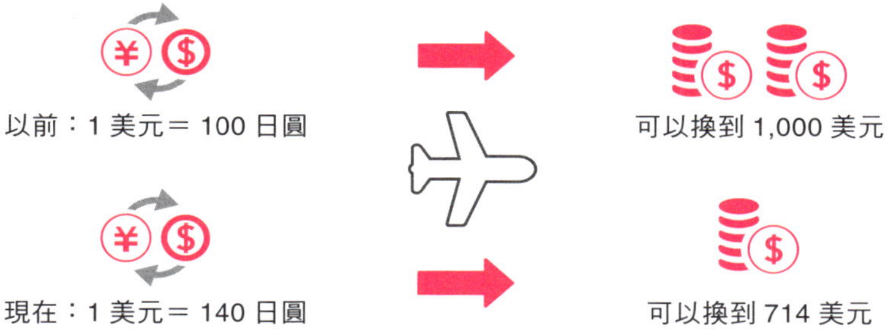

以前：1 美元 = 100 日圓　→　可以換到 1,000 美元

現在：1 美元 = 140 日圓　→　可以換到 714 美元

雖然一樣是 10 萬日圓，但因為**換匯行情每日更新**，所以換成美元時的價值會根據不同時期而改變

學生 原來如此！所以匯率顯示的是日圓和外幣的價值變動。

沒錯！不過匯率時時刻刻都在變動。

大家應該都在新聞中看過類似的消息：「今日市場收盤價為 148.70 日圓，美元兌日幣貶值 1.3 日圓。」這就是匯率波動的相關公告。

當匯率有所波動時，不同貨幣間的匯率就會與之前不一樣。

有時日幣兌美元的價值比較低，有時則比較高。這就是所謂的日幣升值或貶值。

升值與貶值

升值……本國貨幣兌美元的價值比較高
貶值……本國貨幣兌美元的價值比較低

拿前面的例子來說，從 1 美元 = 140 日圓，到 1 美元 = 100 日圓的變化，這就是「日圓升值」。因為用 10 萬日圓兌換美元時，可以換到更多美金。這時日圓比美元更值錢。

另一方面，如果匯率從 1 美元 = 100 日圓。變成 1 美元 = 140 日圓，這就是「日圓貶值」。因為用 10 萬日圓兌換美元時，兌換到的美元金額減少，反而虧錢了。這是當日圓價值低於美元時會出現的現象（見圖 3-2）。

或許有些人會這麼認為：「除了出國旅遊或投資外國股票的人，其他人不用了解匯率和貨幣的升值與貶值問題吧？」

但是正如這篇一開始就提到的，匯率的波動對你我的生

圖 3-2　貶值與升值

1 美元 = 100 日圓

要兌換 1 美元的紙鈔，
需要拿出 100 日圓

因為只要拿比較少的日幣就可以兌換，
所以日幣的價值比較高＝升值

UP!!

1 美元 = 140 日圓

要兌換 1 美元的紙鈔，
需要拿出 140 日圓

因為必須拿出較多的日幣才能兌換，
所以日幣的價值比較低＝貶值

DOWN……

活有重大的影響。下一節我們將討論貨幣疲軟或走強的優缺點。

本國貨幣貶值和升值各有什麼優缺點？

發展貿易的過程中，發生了什麼事？

　　本國貨幣貶值或升值會產生多種影響。首先，先跟大家解釋最有可能受到影響的貿易領域吧。

　　請試著思考日幣貶值或升值對進口有什麼影響？假設匯率從 1 美元 = 120 日圓，變為 1 美元 = 130 日圓，這表示日圓貶值。即使購買一樣的進口商品，過去以 1 美元 = 120 日圓可以買到的東西，現在要花 130 日圓才買得到。因此以日圓支付的話，負擔就會增加。也就是說，**透過貿易購買進口商品時，日圓貶值時消費者就會虧錢，有所「損失」。**

　　另一方面，如果匯率從 1 美元 = 130 日圓，變成 1 美元 = 120 日圓，形成日圓升值的現象，就會出現相反的現象。**以日圓計算，要支出的錢從 130 日圓減少到 120 日圓，因此日圓升值則能帶來「獲利」。**

　　出口的情況又是怎麼樣呢？假設日圓從 1 美元 = 120 日圓貶值至 1 美元 = 130 日圓。就算賣的是一樣的商品，但是**因為收到的是價值更高的美元，所以「獲利」的會是出口商。**

　　另一方面，如果匯率從 1 美元 = 130 日圓，變成 1 美元 = 120 日圓，形成日圓升值的現象，就會出現相反的現象。**因為是收到價值較低的美元，所以日幣升值反而會造成出口**

商的「損失」。

從貿易層面來看，就能發現匯率變動帶來的多重影響。

本國貨幣貶值的優缺點

除此之外，本國貨幣貶值或升值的影響還可以分為以下幾類，首先看看本國貨幣貶值的優點。

本國貨幣貶值的優點

① 對出口商有利
② 入境需求可望增加
③ 海外生產據點可望回歸國內
④ 以外幣計價的資產將升值

① 的部分前面已經提過了。

② 的部分，則是指外國人持有價值較高的美元入境，來到日幣貶值的日本旅遊時可以享受匯差的優惠。

③ 的部分，是因為美元升值，海外生產的成本負擔變重，所以愈來愈多公司試圖透過在日本國內生產，以日圓支付工人工資來降低成本。

④ 的部分，是由於相對日圓，美元的價值變高，以外幣（美元）計價的資產價值也會隨之提升。

學生 在 ④ 提到的「以外幣計價」是什麼意思？

這表示不以日圓交易，而是透過美元等外幣進行買賣。

像是購買以外幣計價的海外股票,日幣貶值時資產就會增加。

接著來看看貨幣貶值的缺點。

> **本國貨幣貶值的缺點**
>
> ① 國內物價上漲
> ② 國內對國外的投資減少

貶值就是貨幣價值下降,因此購買進口商品就需要支付更多的本國貨幣。為了彌補進貨成本的增加,企業可能會將採購價格上漲的部分,轉嫁到銷售的價格上,造成價格上漲的壓力,引發①。尤其日本是個能源、資源都匱乏的國家,燃料資源、工業原料、食品原料等都嚴重依賴進口。因此,當日幣貶值時,進口成本會增加,國內物價上漲的可能性很高。

用貶值的日幣兌換升值的美元,成本變得更加昂貴,因此造成②。如果進行海外投資時需要支付比平常更多的本國貨幣,就會有愈來愈多人減少海外的投資。

本國貨幣升值的優缺點

另一方面,本國貨幣升值則可以概括整理如下。先來看看本國貨幣升值的好處。

> **本國貨幣升值的優點**
>
> ① 出國旅行變得更容易
> ② 可以便宜購買進口商品

③ 國內企業更積極投入海外生產
④ 從國內投資國外的經費增加

①是因為本國貨幣升值，便能夠以更優惠的價格購買海外的產品和服務。②則是對從事進口業的公司、購買進口商品的買家創造了利益。③是用本國貨幣支付海外勞工的薪水，相對來說變得比較便宜。④是由於價值變高的本國貨幣，可以輕鬆兌換到更多便宜的美元。不過，如果預計未來的本國貨幣會進一步升值，趁現在本國貨幣仍然便宜時，將資金投入本國，將會是一筆划算的投資。

接下來看看本國貨幣升值的缺點。

本國貨幣升值的缺點

① 對於出口商不利
② 以外幣計價的資產將貶值

①是因為出口業者最終收到的貨款是以價值變低的美元支付。譬如說，匯率從 1 美元 = 200 日圓，變成 1 美元 = 100 日圓，同樣是美金基礎的話，即使賣出同樣的商品，折算成日幣後價值也會變低。而②則是即使有 1 億美元的資產，如果匯率從 1 美元 = 200 日圓，變成 1 美元 = 100 日圓，資產價值以日幣計算的話會少一半。

因此，本國貨幣升值和貶值各有優缺點（見圖 3-3）。根據不同的立場，獲利或虧損也可能出現很大的差異。特別是請大家要記住本國貨幣貶值對出口商有利，後面的課堂中我們還會再提到。

圖 3-3　本國貨幣貶值和升值造成的影響

	本國貨幣貶值	本國貨幣升值
企業	對出口業者有利	對出口業者不利
消費者	預期入境需求增加	到海外旅行變得更容易
資產	以外幣計價的資產可能會增值	以外幣計價的資產可能會縮水
物價	國內物價可能會上漲	可以便宜購買海外進口商品
投資	從國外流入大量的投資資金	境外投資的資金會增加

根據立場的不同，本國貨幣貶或升值的影響也大不相同

匯率如何決定？

固定匯率制度下，匯率不會波動

現在大家已經掌握了本國貨幣貶值和升值的基本知識，是時候來了解匯率如何運作了。匯率共分為以下兩種：

> **匯率的種類**
>
> 固定匯率制（fixed exchange rate）……交換匯率是固定的
> 浮動匯率制（floating exchange rate）……交換匯率是變動的

直到第 114 頁為止，我們一直都以「波動的匯率」為前提討論匯率。因此，應該能理解浮動匯率制是目前的常態。

在浮動匯率制度下，市場交易會迅速反映在匯率上，因此每 1 美元兌換多少本國貨幣的價格會持續變動。這也表示，每一國貨幣的信用和經濟實況也會反映在匯率上。另一方面，如第 110 頁所述，每當進行貿易或其他海外交易時，就會產生匯兌收益和損失。此外，也可能會出現投機資金利用短期匯率差額賺取利潤。投機資金是指對沖基金（Hedge Fund，針對機構投資者和富人的投資信託）等利用匯率波

動，從外匯交易本身獲取利潤的資金。

舉例說明，1997 年 7 月泰國爆發貨幣危機。泰銖暴跌，其中很大的原因是已開發國家的投機資金突然一起流入泰國所引起的。這導致東亞各國房地產等資產價格下跌、金融機構倒閉。韓國最後獲得 IMF 等組織的協助和監督，泰國和印尼政府則倒台了。由於投機資金導致匯率劇烈波動，引發東亞的金融和經濟危機。

貨幣受歡迎就升值，不受歡迎就貶值

學生 在浮動匯率制度底下，匯率如何決定？

我知道你一定很好奇。浮動匯率制的匯率是由外匯市場的供需關係所決定的。正如第 1 堂課所提到的，這與決定商品和服務價格的原理是一樣的。

如果本國貨幣受歡迎，就會有很多人想買，進而提高價格（價值），形成升值。相反地，如果本國貨幣不受歡迎，就會有比較多人拋售，導致價格（價值）下跌，形成本國貨幣貶值。

本國貨幣的需求與供給

> 本國貨幣受歡迎＝需求＞供給→形成本國貨幣升值
> 本國貨幣不受歡迎＝供給＞需求→形成本國貨幣貶值

假設在某個時間點的匯率是 1 美元＝ 120 日圓，但到了另一個時間點又變成 1 美元＝ 130 日圓。這種變化是表示日

圓貶值還是升值呢？

學生 兌換 1 美元，需要付出的日圓變多了，所以是日圓貶值！

正確答案！你說得沒錯！以前購買 1 美元需要 120 日圓，現在卻需要花 130 日圓。在外匯市場上，日圓的供給超過需求，因此可以解釋為日圓的價值下跌，匯率轉向日圓貶值。

相反地，如果匯率從 1 美元 = 120 日圓，變為 1 美元 = 110 日圓的話，又會發生什麼事呢？從需要花 120 日圓才能購買 1 美元的狀態，到現在只需要 110 日圓。這表示用日圓購買一美元的成本下降了。也就是說，對日圓的需求超過供給，日圓的價值上升，匯率轉向日圓升值。因此，當日圓變得更受歡迎時，就會升值；當日圓不那麼受歡迎時，就會貶值。

利率差距
影響短期匯率

利率變動會發生什麼事？

前面我們曾經提到，浮動匯率制度下，匯率高低是由市場的供需關係所決定的。我們一起思考，哪些因素會決定匯率的供給和需求吧！

影響匯率的供給和需求等因素，會隨時間長短而有所不同。**不過短期來看，主要是由兩國的利率差距所決定**。

學生 什麼是「利率差距」呢？

顧名思義，利率差距就是各國貨幣設定的利率差異。譬如說，你覺得當美元的利率高於日圓時，投資哪種貨幣較能獲利呢？

學生 利率愈高，才能獲得更多利潤，所以投資美元更有利囉？

正確答案！投資美元會更有利潤。不妨我們透過具體的數字來解釋。

假設日圓的利率為1％，美元的利率為3％。如果投資

100萬元,一年後可以獲得的利息如下。

利息試算

日圓利息→1萬元（100萬元 ×0.01）
美元利息→3萬元（100萬元 ×0.03）

如上計算結果顯示,投資美元的獲利是日圓的3倍。

學生 這樣的話,美元似乎比較受歡迎呢!

你的觀念非常正確!在前面提到的利率環境中,市場中賣出日圓、買進美元的需求將會增加。結果相對於美元,將導致日圓的價值下跌。

日圓在市場上被拋售,價值就會下跌,導致日圓匯率走向貶值。由於國際資金的流動,會大幅影響對日圓和美元的需求,所以短期內兩國的利率差距會是決定匯率供需關係的主要因素。

如此一來,如果透過貨幣政策操縱利率,導致日圓對美元的利率下降,那麼日圓就會變得比較不受歡迎而更近一步貶值。相反地,如果日圓對美元的利率上升,就會升值。就如第85頁曾經解釋過的,2024年時日本利率低,美國利率高,因此目前正面臨日圓貶值的強大壓力。

經常帳收支
影響長期匯率

外匯收入增加，帶動日圓升值

長期的匯率供需狀況可以反映國家的經濟實力。國家的經濟實力愈強大，貨幣就愈受歡迎＝需求愈高，貨幣價值也會提升。

學生 也就是說，貨幣長期貶值或升值可以反映出國家的經濟實力。什麼方法可以衡量國家的經濟實力呢？

衡量經濟實力的典型指標是「經常帳收支」。經常帳（current account）收支是經濟指標，顯示一定期間內，國家與其他國家進行商品和服務貿易等經濟交易時，所產生的收入與支出。簡單來說，這個指標顯示了賺取多少外幣（＝外匯），並以淨額（外匯流入額－外匯流出額）來表示。
經常帳收支為順差時，表示此國賺取外匯的能力較強，經濟實力評價也較高。

舉例來說，如果出口額大於進口額，國家就會賺取大量外匯，出現經常帳順差。隨著此國的服務和商品愈來愈受歡迎，國內企業為了將出口所得的美元換成本國貨幣，就會增加本國貨幣的外匯市場需求。如此一來，本國貨幣的價值就

會增加，匯率就會往升值的方向發展。

相反地，**如果經常帳出現逆差，則表示本國賺取外幣（＝美元）的能力較弱，經濟實力評價偏低**。由於本國的服務和產品變得較不受歡迎，也會加速外匯市場中賣出本國貨幣、買入美元的趨勢。如此一來，本國貨幣的價值將會下跌，匯率將朝貶值的方向變動。

學生 為什麼中長期來看，經常帳收支對匯率的影響會比利率差距還要大？

關鍵在於資金的流動。利率差距而產生的資金流動，經過一定時間後，通常會趨於穩定，這是特色。這是因為對沖基金等會利用利率差異進行資本移動，屬於短期的資金運用。

例如，對沖基金會在美元利率比日圓高的時候買入美元，然後沒過多久再賣出換回日圓。相反地，如果美元利率比日圓低，就先賣出美元，不久後再買回美元。

因此長期看來，投機者的短期交易可說對匯率走勢不會造成太大的影響。事實上，以中長期來看，若觀察日本與美國的利率差距與匯率的關係，就會發現兩者並沒有十分明顯的相關性。這是因為利率會隨著景氣循環週期上下變動，不太可能單方面擴大利率的差距。但是，**因為經常帳收支的順差與逆差所帶來的資金流動，從長期來看規模比較大**。因此，短期來看，利率差距對匯率的影響比較大；但中長期來看，經常帳收支對匯率的影響比較大。

經常帳收支順差，轉向浮動匯率制

圖 3-4　匯率市場如何決定？

匯差影響短期匯率

日本利率 1%
美國利率 3%
→ 因為運用美元比較划算，所以與其買日圓，不如買美元。因此形成「日圓貶值，美元升值」的狀態。

國家經濟實力影響長期匯率

賺取外幣的能力強 → 由於日本經濟力強，大家都買入日圓，日圓就升值　UP

賺取外幣的能力弱 → 由於日本經濟力弱，大家都賣掉日圓，日圓就貶值　DOWN

↓

能透過經常帳收支來判斷！

　　過往的美國和日本事例能呈現長期匯率供需造成的重大影響。

　　1945 年第二次世界大戰結束後，日本由美國盟軍最高司令官總司令部（General Headquarters, GHQ）統治。GHQ 同時推進非軍事化和民主化，且為了穩定物價和採取財政緊縮政策，1949 年實施「道奇計畫」（Dodge Plan），將日圓兌美元的匯率固定在 1 美元＝ 360 日圓。

學生　這樣就變成第 115 頁提到的固定匯率制度了呢！

　　沒錯！在固定匯率制度下，貨幣之間的交換比率是固定的。如此一來，有利於當時經濟發展尚不發達的日本進行穩定的貿易活動。

　　如同一開始所預期的，**在固定匯率制度下，日本雖然歷**

經波動，卻仍能維持經常帳收支順差。隨著經常帳收支出現順差，外匯市場也顯現出買入日圓、賣出美元的強勁趨勢。

「如果維持現狀，未來日圓將持續升值，超越 1 美元＝360 日圓……」為了因應這種情況，外匯當局透過供應日圓來維持固定的匯率（見圖 3-5）。

圖 3-5　外匯干預的示意圖

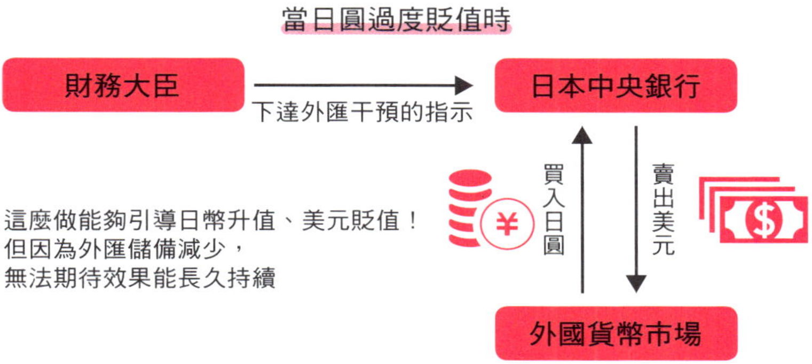

當日圓過度貶值時

財務大臣　──下達外匯干預的指示──▶　日本中央銀行

買入日圓 ／ 賣出美元

外國貨幣市場

這麼做能夠引導日幣升值、美元貶值！
但因為外匯儲備減少，
無法期待效果能長久持續

但是，隨著日本國際經濟實力愈來愈強，市場上買入日圓、賣出美元的壓力也隨之增大。到了最後，原先設定的「1 美元＝360 日圓」匯率，也不再符合日本經濟的實際情況了。

與此同時，美國從 1955 年到 1975 年的 20 年間，投入於越南戰爭（Vietnam War）。越戰是北越與南越為了獨立與統一發動的戰爭，而美國支持南越。正如大家所知這也是美國史上首次失敗的戰爭。**越戰造成美國龐大的國力損失，也導致經常帳收支出現逆差、美元貶值**。

結果即使政府當局進行外匯干預，也難以維持 1 美元＝360 日圓的匯率水準。到了 1971 年，匯率更降至 1 美元＝

308 日圓。然而，市場上賣出美元、買入日圓的壓力並未減弱。1973 年，美元再次貶值，導致固定匯率制度崩潰，轉向延續至今的浮動匯率制度。

由此可見，日本和美國的經常帳收支狀況，長期大幅影響日圓和美元的供需關係，甚至導致日本的匯率出現變化。

學生 日本經濟實力愈來愈強，要維持 1 美元＝ 360 日圓的匯率也愈來愈難，所以才會變成浮動匯率制度啊！

沒錯。不過，這並不是日本轉向浮動匯率制度的唯一原因。

當時外匯市場普遍預期美元會持續走貶，日圓會升值。事實上，==許多投資者覺得「美元被高估」，認為美元的價值會下跌==。結果大量投機資金湧入外匯市場、拋售美元。

如果美元匯率時而上漲、時而下跌，就很難判斷匯率的趨勢，也不會有太多投機資金流入市場。不過，當時的市場一致認「美元被高估」，這樣的市場走向也一直沒有改變。

隨著拋售美元的壓力增強，匯率則朝日圓升值轉變，出現投資者透過拋售美元來獲利。

賣出美元儼然成為低風險、有利可圖的投資行為，更進一步加速拋售美元的壓力。在這樣的情況下，政府當局要維持固定匯率制度也變得更加困難。過去在固定匯率制度的框架內，傳統的微調機制已經無法再發揮作用，因此才會放棄固定匯率制度，轉向採行浮動匯率制度。

日本實施浮動匯率制度後，發生了什麼事？

學生 固定匯率制度不符合日本當時的經濟狀況,那時對日本造成了什麼影響?

就像前面所說的,隨著戰後日本經濟的復甦和成長,日圓的價值也有所提升。但是因為固定匯率制度的限制,日圓的匯率無法大幅調整為 1 美元 = 300 日圓左右或 200 日圓。結果,日圓的價值被低估,出現「日圓貶值、美元升值」的狀態。

就像第 110 頁討論的,日圓貶值對於出口業反而是好事。出口業一般收取美元。這時因為日本出口商賺取的是價值比較高的美元,所以能夠得利。**特別是汽車、電子設備、鋼鐵、紡織、化學等產業得以發展**。這是造就日本經濟高成長時期(1955 ～ 1973 年)的原因之一。

此後,日本改為實施浮動匯率制度,美元則因為反映實際經濟狀況而迅速貶值(日圓升值)。這下子,出口業反而無法得利。為了因應這樣的情況,日本出口企業開始將生產基地轉移到海外。也就是說,為了避免遭到美元貶值、日圓升值的影響,企業開始建立高效率的生產體系,以降低勞動成本和其他開支。例如,汽車製造商減少在日本工廠生產的產量,在美國設立子公司來打造工廠、生產汽車。

日本轉為實行浮動匯率制度,也連帶讓日本企業迎來一大轉捩點,開始邁向全球企業之路。

只要看貨幣強弱，就能清楚了解國家經濟

2012 年以後，日圓由強轉弱

實施浮動匯率制以來，特別是最近 25 年間，日圓匯率發生了什麼變化？為了理解當前的匯率和日本的經濟狀態，大家一起來看看相關變化吧！

請參閱下一頁的圖 3-6。這張圖顯示了日圓兌美元的匯率圖表，顯示以下內容。

- 歷經 1990 年代後半的波動後，日圓開始升值，並在 2011 年 10 月達到 1 美元 = 75 日圓的高峰
- 自 2012 年以來，日圓持續貶值，2022 年的匯率曾創下紀錄，低到 1 美元 = 150 日圓。

仔細觀察圖表細節可以發現主要有 3 個重點。

第 1 個重點是，2008 年 9 月雷曼兄弟事件後的日圓升值。

雷曼兄弟事件引發全球金融危機，起因是 2008 年美國的國際投資銀行雷曼兄弟破產。這部分在第 2 堂課裡已經說明了。

歐美的金融機構因雷曼兄弟發行的金融產品而遭受鉅額損失，但日本當時受到的影響很有限。事實上，日圓甚至被視為外匯市場上的「安全貨幣」。當時，日本經常帳收支為

圖 3-6 日本匯率的轉折點

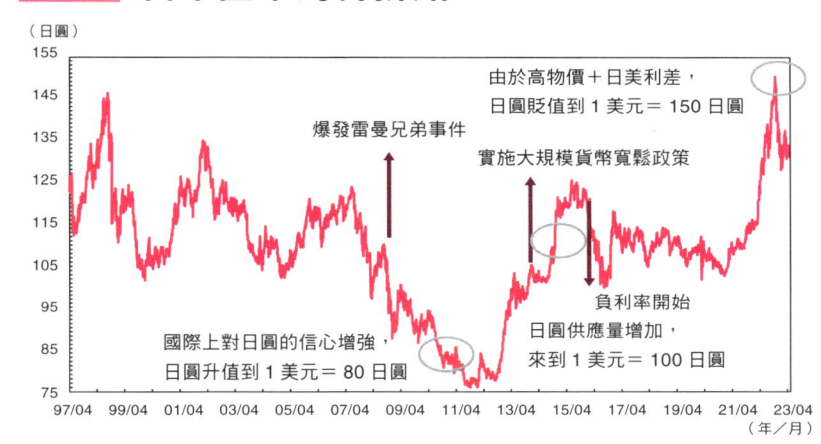

(日圓)

圖中標示：
- 爆發雷曼兄弟事件
- 實施大規模貨幣寬鬆政策
- 由於高物價＋日美利差，日圓貶值到 1 美元＝ 150 日圓
- 國際上對日圓的信心增強，日圓升值到 1 美元＝ 80 日圓
- 負利率開始日圓供應量增加，來到 1 美元＝ 100 日圓

資料來源：根據日本銀行「時序統計資料搜尋網站」所製成

順差且大量向海外銀行貸款，是全球最大債權國，市場上對日圓的需求很高。

隨著國際上對日圓的信心增強，2009 年左右的日圓匯率曾達到 1 美元＝ 100 日圓以下。

此後，日圓也持續升值，直到 2011 年希臘發生歐債危機。但是，因為日本金融機構受到的影響不如歐美等國般巨大，因此**市場上對日圓的需求仍持續增加，匯率更來到 1 美元＝ 80 日圓以下**。

大規模貨幣寬鬆政策造成日圓貶值

學生 但是從 2012 年之後，市場一直朝著日圓貶值的方向發展，這又是為什麼呢？

因為**日本央行在 2013 年 4 月實施了超常規寬鬆貨幣政**

策」，這是日圓匯率變化中的第 2 個重點。這項政策承諾在兩年內將貨幣供應量增加 1 倍，並設定 2% 的通膨目標（第 152 頁）。

日本央行當時的目標是希望讓日本擺脫通貨緊縮，並且有意讓日元貶值，以振興出口產業、讓企業業績復甦。

因此日本央行進行所謂的購買操作，購入民營銀行持有的公債等金融商品。民營銀行的資金量因此大幅增加，也進一步增加了市場上流通的貨幣量，刺激民眾對商品和服務的需求。

結果，**日圓的供應量超過需求量，創造出消費者和企業更容易借貸的環境**。然而日本的利率下降，日圓相對美元的匯率也下跌，反而導致日圓貶值。就這樣，日圓匯率在 2013 年 5 月回到 1 美元 = 100 日圓的區間。

負利率加大美日的利率差距

從 2016 年 1 月開始，日本的貨幣政策不僅著重於「數量」，更在「利率」方面也運用了新的工具——負利率。**所謂的「負利率」，是指金融機構存放在日本央行活期帳戶中的存款不僅沒有利息，還得支付 0.1% 的手續費。與此同時，央行也將存款利率往下調至接近 0%**。這是日圓匯率變化中的第 3 個重點。

在負利率的情況下，金融機構即使把錢存入日本央行還必須支付一筆費用，等同於存錢就是賠錢。因此，為了避免虧損，金融機構就會向個人和企業提供貸款服務。然而這樣的政策，卻導致日本與美國的利率差距愈來愈大。

日本持續推行貨幣寬鬆政策，卻未能達到通膨率 2% 的

目標。2022 年，由於新冠疫情後的日圓需求恢復、烏俄戰爭導致能源價格上漲，日圓在 1 年內從 1 美元＝ 110 日圓的區間，開始大幅貶值至 1 美元＝ 140 日圓區間。美日貨幣利差擴大，2022 年 10 月更貶值跌至 1 美元＝ 150 日圓。

在這個時間點，歐美各國紛紛提高利率來抑制通貨膨脹造成的影響，日本卻仍舊繼續維持 0％的低利率。隨著美日利率差距擴大，就變成「買入利率較高的美元、賣出利率較低的日圓」的局面。2024 年，「賣日圓、買美元」的趨勢仍不斷加速中。

儘管日本央行在 2024 年 3 月取消負利率，但仍舊維持貨幣寬鬆的政策。

\ 這裡的重點 /

> 日本央行一旦實施負利率，金融機構就必須為存放在央行的部分資金支付利息。這等於刺激金融機構將資金提供給企業貸款和投資。不過，一般民眾的存款利率並不會變成負數。

消除貿易逆差，能抑制日圓貶值

讀到這裡，相信很多人能看得懂相關的新聞報導了吧！但是，其實日圓會貶值，超常規寬鬆貨幣政策並非唯一的原因。

請務必了解，貿易收支動向也會造成日圓貶值。**所謂的「貿易收支」是一種經濟指標，顯示與外國進行商品買賣時，進出口金額的差異。**

學生「貿易收支」與第 120 頁提到的「經常帳收支」哪裡不一樣呢？

大家可能容易混淆這兩個詞彙，但前面提到的「經常帳收支」除了貿易收支之外，還包括企業投資收入、旅遊等服務收支。也就是說，經常帳收支的範圍比貿易收支還要廣泛。

> **貿易收支與經常帳收支**
>
> 貿易收支……貿易活動的支出與收入
> 經常帳收支……貿易活動＋投資、旅遊等支出與收入

如果貿易收支持續出現順差，那麼日圓在外匯市場上的價值就會上升，這通常會導致日圓走強升值；另一方面，如果貿易收支持續逆差，日圓的價值在外匯市場上就會下跌，這通常會導致日圓走弱貶值。

圖 3-7 顯示日本貿易收支。這張圖表中，折線圖表示的是進出口收支狀態，長條圖則顯示進出口差額。如果長條圖位於右方軸線的 0 標記之下，就是貿易逆差；如果位於 0 標記之上，則為貿易順差。從這張圖就可以知道，**日本的貿易狀態從 2013 年起持續了大約 3 年的貿易逆差，但之後就轉為貿易順差。**

然而，自 2021 年以來，貿易逆差再次擴大。當時因為能

圖 3-7　日本貿易收支的變化

（億元）・・・收支　出口　進口　（億元）

資料來源：根據日本財務省「財務省貿易統計」製表

源類（特別是原油類）的進口增加，貿易收支出現逆差。

　　進口貨物若需要以美元支付，對美元的需求就會增加，導致匯率走向日圓貶值。換句話說，貿易逆差正是日圓貶值的原因。

　　可能會有人覺得，只要消除美國和日本之間的利率差距，就能改善日圓貶值的局面。但是如果進口導致的貿易逆差不斷持續下去，**即使縮小美日利差，日圓仍然存在貶值的壓力**。

　　截至 2024 年為止，能源價格的漲勢趨緩，日本的貿易逆差也開始縮小。但是，貿易收支仍是判斷日圓匯率升值或貶值的重要指標之一。

貨幣升值或貶值，哪個比較好？

匯率影響個人生活與資產價格

學生 我不僅住在日本，也很少購買從國外進口的東西，所以其實不太關心貨幣貶值或升值。這樣是不是不太好？

就算你住在日本，而且不購買任何進口商品，多少還是會受到匯率的影響。

舉例來說，看看貨幣貶值的情形吧！**貨幣貶值時，價值會變低，表示從海外進口的原物料成本會上升，更容易發生成本推動型通貨膨脹。**

如果薪資隨著物價上漲，實際負擔會變少；但是若薪資沒跟著一起漲，生活的負擔就會增加。

假設央行為了抑制通貨膨脹而實施貨幣緊縮政策。就像第 1 堂課說過的，若是透過提高利率來實行貨幣緊縮政策，股票、土地等資產的價值就會下跌。持有這類資產的人也應該留意，為了因應貨幣貶值，未來如果利率調高的話，可能會造成影響。

就像這樣，匯率市場的變化會造成通貨膨脹和利率的波動，並影響人們的生活和資產價格。大家務必每天看新聞，並同時關心這些資訊與自己的生活有什麼關聯。

學生 結果我現在更搞不清楚了。貶值和升值究竟哪個好、哪個壞……

我們試著把這些知識應用到自己的生活中。不妨先從你的工作環境開始，可能會更容易理解。**如果你在日本工作，薪水也是以日圓給付，這樣一來日圓升值對你會比較好**。你知道為什麼嗎？

學生 因為可以領到價值比較高的日圓，對吧！

沒錯，正是如此。出國時更會明顯感受到日圓升值的好處。**相反地，若是居住在國外、薪水以美元給付的人，則會因為日圓貶值而得到好處**。這是因為美元變得比日圓更有價值。

說得更多一些，如果你的公司是透過出口來賺錢的話，日圓貶值對公司的業績有利，能期待獲得高薪。另一方面，如果公司是透過進口來賺錢，那麼升值才能為公司帶來更好的業績，員工才能有更高的薪資。要是從股東的角度來看，貶值才能預期出口公司的股價上漲；如果升值，進口公司的股票將更具吸引力。

提高本國製商品的價值，就不用擔心升值

我個人認為，重點不在於考慮匯率的短期得失，而是要從中長期的角度去思考國家該如何提高國際競爭力。

關鍵在於國家的產品和服務能提供多少附加價值？換句

話說，與外國產品及服務相比，考慮本國國內的產品和服務在品質、設計、功能、使用方便度等方面是否能夠更加滿足客戶需求，這一點才更重要。如果可以成功提高商品與服務的附加價值，就能振興國家的經濟，增強國際市場對本國的信心。如此一來，貨幣便能往升值的方向前進。

　　一旦大家認同國內的產品和服務具有高附加價值，**就算貨幣升值也不會對出口造成重大的負面影響**，海外遊客入境本國的需求也不太可能輕易減少。

　　貶值當然會在短期內刺激出口，讓景氣變得更活絡。但是如果過度依賴貶值，將無法提高國家競爭力，景氣也會持續停滯不前。

　　事實上，某些開發中國家的經濟狀況十分嚴峻，導致人民對自己國家的貨幣失去信心、本國貨幣價值暴跌，對美元的需求反而增加。為了避免這種負面的貨幣貶值，全體國民都應該努力提升本國的經濟實力。

第 4 堂課

該怎麼做，
經濟才能成長？

從 YouTuber 思考經濟成長

經濟成長的三大關鍵

第 4 堂課的主題是國家的「經濟成長」。由於這個主題涵蓋的範圍有點大，或許大家不容易與自己的情況連結。因此每個人不妨假設自己著手發展某項事業，並思考如何讓這項事業的業績更上一層樓。

假設你是解釋時事的 YouTuber。你想透過經營這番事業賺錢，該怎麼增加訂閱數和影片瀏覽數呢？你覺得如何做才能讓這個頻道成長？

學生 我覺得要先了解這個頻道的主要目標觀眾想知道什麼時事。

沒錯，這點很重要呢！不管做的是哪種生意，都一定要先了解客戶需求，不然就賺不到錢。那麼，除了知道客戶需求，要讓頻道成長還需要哪些元素呢？

學生 我想還需要攝影機、照明設備、電腦等硬體設備、剪輯軟體和記憶卡等工具來儲存資料。

這邊提到的基本上都是「設備」。例如，最好使用高畫質的攝影機、容量大且處理速度快的電腦，還要有可以輕鬆匯入影像並建立美觀縮圖的剪輯軟體。

光有這些好設備不夠，更重要的是善用這些設備，並且充分利用最新技術，才能大量上傳高品質的影片。除了這些你覺得還有其他方法嗎？

學生 我還希望能夠有懂得編輯與企畫的好幫手！

如果可以招募到優秀的「人才」，就能分工合作，處理個人無法處理的工作量。此外，**要是可以找到能利用「最新技術」的人，更能提升工作效率**。

因此，到目前為止我們可以看到三大關鍵：「設備」「人力」「技術進步」。

> **成為 YouTuber 的 3 個必要關鍵**
> - 設備
> - 人力
> - 技術進步

事實上，這 3 個關鍵不僅對 YouTubers 來說很必要，也同樣是國家整體經濟成長的重要關鍵因素。接下來，我將更詳細地解釋這 3 個關鍵。

經濟成長最重要的關鍵字

「設備」能提高供給能力

所以，你覺得經濟成長到底代表什麼意思？

學生 嗯……生活變得更富裕嗎？

沒錯！富裕的生活，就表示擁有豐富的物質資源，可以讓每個人消費。從經濟學的術語上來說，可以稱為「國內生產毛額的成長」。國內生產毛額（Gross Domestic Product, GDP）是指在一定時間內，生產商品（物品和服務）的附加價值總和。

學生 什麼是附加價值總和？

要生產商品，需要原料和人力。從生產商品中減掉原料等成本後，剩餘的部分稱為附加價值。簡單來說，可以把 GDP 想成是利潤和人力成本的總和。

如果觀察、配合商品的需求增加，生產能力也有所提升，那麼從中長期來看，GDP 就可以有所成長，那麼商品的總附加價值也會跟著增長。

學生 供給隨著需求增加、商品也能相應生產。這就是經濟成長，對吧！

沒錯，就是這樣。順帶一提，只有需求增加並不是好事。要是供給能力沒有增加，反而會導致通貨膨脹。

前面曾提到，國家經濟要成長的關鍵是「設備」「人力」和「技術進步」，這些其實也是提高供給量的要素。

首先，**設備（＝實體資本）是企業生產活動中產生利潤的基礎**。當企業投資設備、建造工廠，設備（＝實體資本存量）就會增加，生產力也隨之提高。與此同時，提升 GDP 所需的供給能力也一起增加了。

「人力」的質與量都能提高供給能力

經濟成長的第 2 個關鍵是「人力」。人們所擁有的能力和技能被視為「資本」，也稱為「人力資本」。

工作的人變多，能生產的東西就多了，供給能力自然會跟著提升。特別是 15 至 64 歲的「工作年齡人口」成長，對國家的經濟成長非常重要。

然而，當今已開發國家的出生率正在下降，許多國家更面臨人口老化。如果工作年齡人口減少，就不能稱為有利增加供給能力的環境。

學生 這樣的話，是不是表示目前工作的年輕人必須更努力才行？

這樣說也沒有錯。但不僅僅是年輕人，所有勞工都需要努力提升技能、提高生產力。為了做到這一點，就需要投資教育。

就算勞工人數、工時沒有增加，**只要投資教育就能累積勞工的能力和技能，近一步提高每個人的平均生產力。一旦能實現這個目標，就能大幅提升經濟成長**。

教育投資的其中一項，就是現在常聽到的「技能再造」（reskilling）[1]，也就是重新學習的意思。

有工作經驗的人，可以在商學院等教育機構重新學習，或參加公司內外的培訓課程，來獲得符合社會需求的新技能。

我舉IT資訊產業的例子，大家應該比較容易理解！目前已經出現如ChatGPT（Chat Generative Pre-trained Transformer，聊天生成預訓練轉換器）這樣的生成式人工智慧，大大增加創新的可能性。但是能夠充分運用這些工具的人並不多，所以想要創造全新的商業模式，就必須跟上技術變化的腳步，充分利用ChatGPT的功能。

用總體經濟學來解釋的話，獲得新技能就可以提高人力資本的品質，進一步提升每位勞工的生產能力。看得更遠一點，最終還有助於促進國家的經濟成長。

有必要研發讓「技術進步」

經濟成長的第3個關鍵是「技術進步」，就是「創新」。

---

1 譯註：此處是指根據社會和工作環境的變化，重新學習未來工作需要的技能。

即使設備或人力沒有增加，只要有了新的技術，工作也能更有效率，且同步提高生產力。一旦創造出新技術，就不會受到數量、規模等限制，有可能大幅提高供給的能力。

要讓技術進步，最關鍵的就是研發（研究與開發）。企業不能只把賺取的利潤全部存下來，卻期待未來有所成長。與其分配或花光這些利潤，不如將利潤拿來研發，才有機會促使技術進步。重視研發，其實就是對未來的投資。

舉例來說，經營 YouTube 頻道時，有人會研發自己獨有的內容，挑戰新的領域或企畫。雖然不會立刻看到成果，但新設備等的研究與投資也都需要花錢。然而，如果這些創新有成效，設備的品質和創作者的技能都會獲得大幅提升，大大提高影片製作的效率。

事實上，經濟成長率高的美國，就是因為各家企業都重視研發，才能獲得今天的成果。

「技術進步」對日本最重要

就總體經濟學而言，生產需要的是「設備」與「人力」。因為投入的設備和人力愈多，產量就愈高。

但是，增加設備和人才不可能毫無限制，因為設備的材料和空間有限、可工作的人數也有一定的限制。

不過技術進步則沒有這樣的限制。新的技術出現後，即使設備和人力和以往相同沒有增加，卻可以創造出更大的產量（見圖 4-1）。

面對「到底該怎麼做，才能讓國家經濟成長？」的大哉問時，因為已開發國家目前很難在未來大幅增加設備和人

圖 4-1　技術進步的重要性

設備　**人力**

設備和人力無法無限制的一直增加

技術進步

因此

藉由研發讓技術更進步。
即使設備和人力跟以前一樣，
卻可以創造出更大的產量

技術進步是已開發國家為了經濟成長的
重要引擎！！

力。所以許多國家已經投入一定的資金到設備上頭，甚至有些國家的人口數量不但沒有增加，反而減少。因此，各國在面對「技術進步」難題時，主要需要重新留意這個被視為經濟成長的重要引擎。各國為了達成經濟成長，每天都日夜不懈地進行各種研究。

\ 這裡的**重點** /

> 即使工廠的生產與供給能力很厲害，要是基礎建設不夠完善，也無法將生產的商品順利供應給消費者。因此，各國有時會透過整備基礎設施，來協助企業充分利用設備，增強供應能力。公路、鐵路、機場、港口等基礎建設（＝公共資本存量）的發展，都能有效提升企業的供應能力。

利用技術進步指標「TFP」，分析日本經濟弱點

為什麼服務業的生產力這麼低？

學生 現在我知道推動技術進步的重要性了。那麼，目前日本的技術進步狀況如何呢？

技術進步是提高生產力的重要引擎，一般都會透過「總要素生產力」（Total Factor Productivity, TFP）來衡量。

> **總要素生產力（TFP）**
> 評估技術進步程度的數值

若能計算出 TFP，就可比較各產業的技術進步程度。而且透過比較不同國家、產業的 TFP，還可以了解效率和競爭力的差異，然後更進一步分析推動經濟成長的因素。

接著我們透過 TFP，一起來觀察日本的經濟現狀，特別是比較生產力較高與較低的領域，並探討造成差異的原因。

圖 4-2 是日本經濟產業省研究機構所推算出的數據，顯示出製造業和服務業的 TFP 成長率。

雖然只比較了兩個產業，卻可以清楚看出日本經濟中不同產業的 TFP 成長率差異非常大。

圖 4-2　日本製造業、服務業的生產力成長率

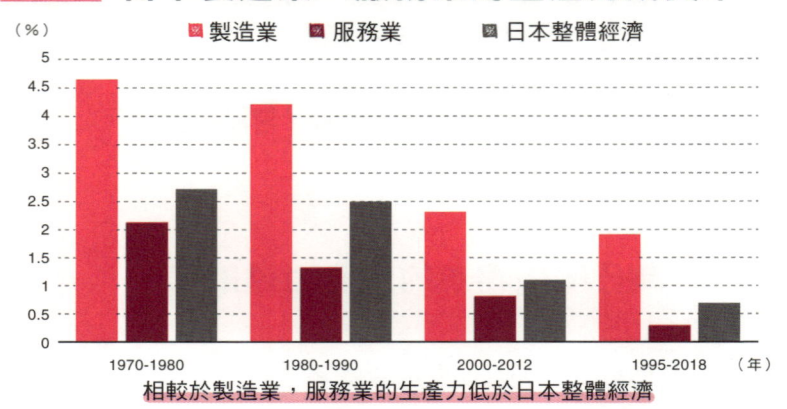

（%）　　■ 製造業　　■ 服務業　　■ 日本整體經濟

年	製造業	服務業	日本整體經濟
1970-1980	4.6	2.1	2.7
1980-1990	4.2	1.2	2.5
2000-2012	2.3	0.8	1.1
1995-2018	1.9	—	0.7

相較於製造業，服務業的生產力低於日本整體經濟

資料來源：根據森川正之《生產力問題點——生產力、收入、附加價值相關研究會討論資料》的內容製表

學生　看了這張圖表，才發現服務業的數據真的比日本整體經濟還要低啊！

沒錯！服務業的生產力之所以這麼低，**關鍵在於市場競爭的激烈程度**（見圖 4-3）。

製造業為了進出口商品，面臨海外客戶和公司的競爭。為了在如此激烈的市場競爭下存活，必須提高效率和生產力。通常，生產力較低的企業會被市場淘汰，生產力較高的企業則會進入市場。

然而，**服務業既不出口也不進口，不需要與海外的客戶和公司競爭**。市場競爭不夠激烈的產業，即使企業生產效率較低，也能在市場中生存。一般認為，正是因為這樣的環境導致服務業的總要素生產力較低。

圖 4-3　**為什麼服務業的生產力這麼低？**

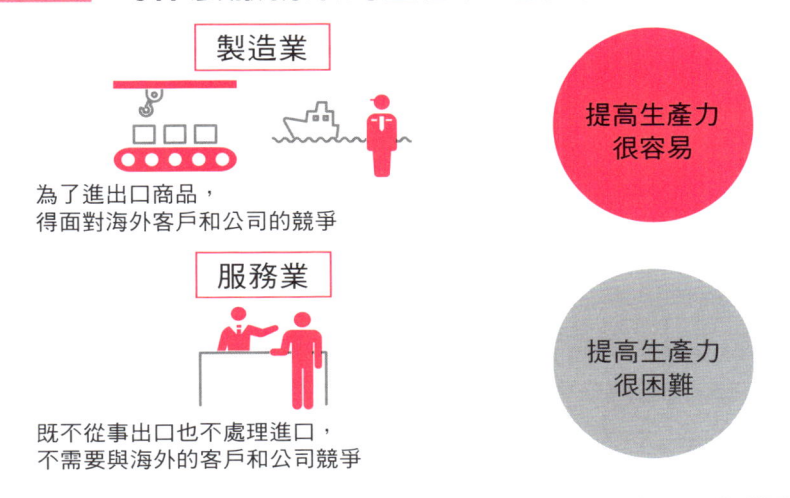

製造業

為了進出口商品，
得面對海外客戶和公司的競爭

提高生產力
很容易

服務業

既不從事出口也不處理進口，
不需要與海外的客戶和公司競爭

提高生產力
很困難

日本市場中哪些業種的 TFP 比較低？

接下來請看圖 4-4。這裡進一步劃分製造業和服務業中不同業態的 TFP。

我們可以發現業態類型的不同，也會讓 TFP 的數據有差異。其中尤其是**與 IT 相關的半導體、電子、電機設備等產業的 TFP 相當高，超過 10%，但飼料、有機肥料等農業相關產業的 TFP 卻特別低**。我認為農業生產力低落是日本經濟的弱點之一。

學生　為什麼農業的 TFP 數值會這麼低啊？

原因有好幾個。

圖 4-4　各種業態的 TFP 成長率

服務業　　　　　　　　　　　　　　　　　　　　　單位：%

通訊業	2.7	影像、語音、文字資訊製造業	-6.6
金融業	1.5	航空運輸業	-4.3
資訊服務業	1.3	其他運輸業、包裝業務	-3.2
批發業	0.8	汽車維修業	-2.8
鐵路業	0.5	保險業	-1.8

製造業　　　　　　　　　　　　　　　　　　　　　單位：%

半導體元件、積體電路	11.9	飼料、有機肥料製造業	-12
民生用電子、電機裝置	10.2	水產食品業	-4.2
電子計算機及相關設備	7	碾穀、磨粉及澱粉製品製造業	-3.9
影像、音響裝置	6.8	化學製品製造業	-2.9
其他電子零件及設備	6.2	菸草製造業	-2.9

資料來源：根據森川正之《生產力問題點－生產力、收入、附加價值相關研究會討論資料》的內容製表

日本農業 TFP 較低的原因

- 日本的土地條件
- 農業用地的管制

第 1 個原因是日本土地條件的限制。根據世界銀行 2021 年的數據顯示，日本可耕地的面積約為美國的 1/87。由於日本農民 1 人可耕作的農地面積比較小，因此**就算投入更多的資本和勞力，在設備等方面的投資也很難提高生產力**。

另一方面，美國和澳洲的農民 1 人可耕作的農地面積非常大。就算使用與日本相同效率的設備、投入相同的勞動力，也能獲得更高的產量。

第 2 個原因是農業用地的管制。**日本為了維持糧食自給率，制定了一部《農地法》，並嚴格控管買賣、轉買農地**。這

樣的管制雖然能保護農民的既有權利，卻也讓民間企業想取得農地、參與農業時，出現障礙。

學生 這裡提到「既有權利」，就表示這部法律的制定對農民是有利的，對吧？

是的。大家普遍認為正因為承認農民的既有權利而阻礙了競爭的出現，是 TFP 無法提升的原因。

這跟服務業 TFP 偏低的原因是一樣的。受到國家保護、未面臨國際競爭的產業，都會因為外部的壓力較小，因此缺乏提高生產力的動機。

日本擁有一套完善的農業保護政策，即使生產力不高，農民也能維持生計。一般來說，無法提升生產力的產業就應該被淘汰、被強制退出，但這種強制手段在備受保護的產業中卻無法發揮作用。

透過政策保護這類工人、高齡化的農民和中小企業，當然有合理性。即使只是小規模維持人民的就業率，也有利於當地經濟，對維護糧食安全更起正面作用。

但是，如果一味維持現狀，就無法進一步數位化，效率也會大大降低，這對生產力來說可不是好事。長遠來看，這也會限制日本經濟成長的可能性。

學生 如果修法是不是就能提高農業的生產力？

針對這個問題，或許曾受管制的日本流通業能提供一些答案與線索。**事實上，修改法規確實能提高生產力**。

日本的流通業直到 2000 年仍受到《大店法》（調整大型零售商店零售經營活動法律）的約束。這個法規限制了大型商業設施的建築面積。

　　當時，規模較小的零售商反對在郊區設立結合多種商業型態的大型商店。為了保護零售商店而出現的《大店法》，確實也阻止購物中心等商業設施的擴張。

　　從生產力的角度來看，《大店法》與《農地法》一樣，都不是非常理想的法律。前面已經多次提及，因為這樣的法律只允許在現有的框架內競爭，反而抑制外界競爭。

　　2000 年，《大店法》遭到廢除，取而代之的是新法《大規模小賣店鋪立地法》[2]。如今，四處可見像 AEON 購物中心這樣集結多種商業型態的大型商場。隨著市場競爭的白熱化，**生產力較低的小型零售商被迫退出市場，進而提高了零售業的生產力**。

　　這樣的情形對於既有的小型零售商來說可能很嚴苛，但從消費者的角度來看，卻是能夠有更多方便購買商品和服務的機會。

　　同樣地，要是能夠改善農業同樣的管制，或許也可以提高農業的生產力。請務必牢記：建立能激發市場競爭的機制，才是提升生產力的關鍵。

2　譯註：亦稱為《大型零售店選址法》。這套法律旨在減輕新建大型零售店或店鋪的配置、經營時產生的交通、噪音等影響。政府要求大型零售商店的經營者（建築物所有者）聽取當地居民、當地企業、商會和市政當局的意見。

「失落的 30 年」與「失落的 20 年」

「失落的時間」到底有多久?

在第 146 頁我們談到了日本個別的產業,接著要以更宏觀的角度,來考慮如何帶動日本整體的經濟成長。雖然接下來的討論聽起來可能有點繞遠路,但是大家不妨先從過去的發展軌跡來了解日本經濟的整體現況。

泡沫經濟崩潰後,大家描述日本整體經濟的停滯時,一般會稱為「失落的 20 年」或「失落的 30 年」。

> **兩段失落的時間**
>
> 失落的 20 年……「1991～2011 年」
> 失落的 30 年……「1991～2011 年」+「2012～2022 年」

「失落的 20 年」是指泡沫經濟破滅後,從 1991 年到 2011 年大約 20 年期間;相較於此,「失落的 30 年」則是指包含 2012 年至 2022 年 10 年以內,大約 30 年期間。

學生 這兩段失落的時間,哪個才是正確的呢?

這兩段時期的差異在於是否包括「2012～2022年」大約10年的時間。這10年發生了什麼事？如果泡沫經濟破滅20年來失去的東西，能夠在「2012～2022年」補回，那麼可以說是「失落的20年」；相反地，如果補不回來，那麼「失落的30年」的說法更準確。

日本人為什麼不覺得自己變富裕？

當詢問日本人是否覺得在2012～2022年這大約10年間，生活因為經濟成長而變得更加富裕時，一般的看法如下：
股價上漲、物價基本上也很穩定，**但日本並未有更高的經濟成長**。由於薪水沒有上漲，應該很少人覺得變有錢。

學生 真的！我也發現自己的薪水沒什麼成長。

為什麼大家不會覺得自己變富裕呢？**原因出於日圓貶值造成的影響**。在1990年代～2000年代「失落的20年」期間，日本人到東南亞旅遊時，能夠以低價購買當地的產品。

學生 那段時間因為日圓價值比較高，所以出國可以用便宜的價格購物呢！

沒錯！但是日圓從2012年開始持續走貶。日圓貶值表示日圓的價值下跌。許多人開始覺得海外的商品和服務比日本國內還貴，甚至出國旅遊時也發覺物價上漲了。
結果以前日本人到海外旅行享有的優惠，現在變成外國

人來到日本旅遊的福利。因為日圓的價值下跌，海外遊客來到日本反而能夠以便宜的價格購物。但是相對來說，日本反而變得更貧窮了。

安倍經濟學是日圓貶值的原因

那麼，為什麼日圓會開始貶值呢？你知道 2012 年推出的「安倍經濟學」（Abenomics）經濟刺激方案中，實行了哪些措施嗎？

學生 我聽過安倍經濟學這個名詞，但不太了解具體的內容是什麼。

安倍經濟學是當時的首相安倍晉三，從 2012 年 12 月開始實施的經濟政策。

安倍經濟學的 3 支箭

① 大膽的貨幣政策
② 靈活的財政政策
③ 刺激民間投資的成長策略

當時政府宣布了「3 支箭」經濟政策。這裡不會詳細解釋這 3 項政策，而是主要把焦點放在 ① 大膽的貨幣政策上。

隨超常規寬鬆貨幣政策而來的……

安倍經濟學的政策 ① 推出了超常規寬鬆貨幣政策（見圖4-5），這項政策有幾個目的。

首先是對抗通貨緊縮。通貨緊縮是指物價持續下跌，會抑制消費，造成經濟停滯、景氣衰退。

安倍經濟學的貨幣寬鬆政策，是希望透過向市場供應貨幣來消除通貨緊縮，並進一步提高物價和薪資。具體來說，就是鼓勵金融機構以低利率放款給民間單位，藉此支持貸款方的企業經營，帶動日本整體經濟的成長。

除此之外，也試圖透過增加貨幣數量來改善當時日圓的升值情形。

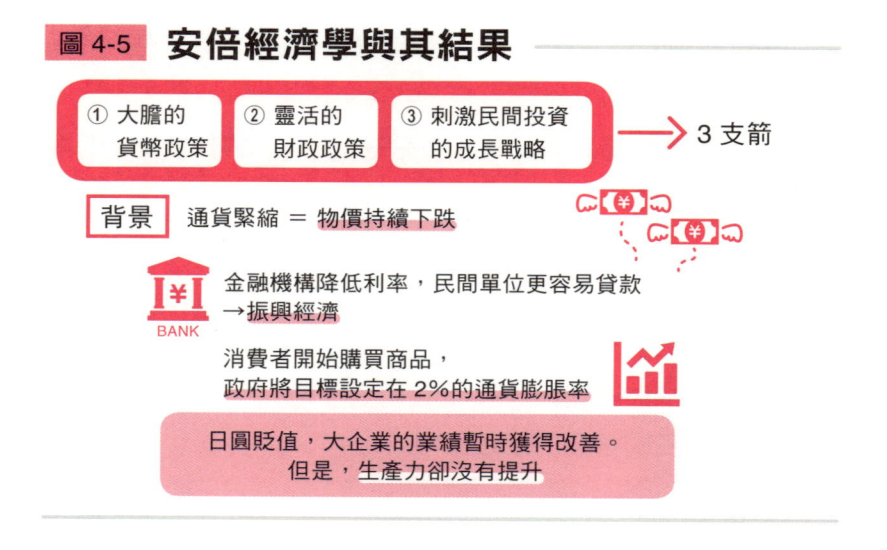

圖 4-5　安倍經濟學與其結果

① 大膽的貨幣政策　② 靈活的財政政策　③ 刺激民間投資的成長戰略　→ 3 支箭

背景　通貨緊縮 = 物價持續下跌

金融機構降低利率，民間單位更容易貸款
→振興經濟

消費者開始購買商品，
政府將目標設定在 2% 的通貨膨脹率

日圓貶值，大企業的業績暫時獲得改善。
但是，生產力卻沒有提升

學生　咦！日圓升值不就是日圓的價值增加了嗎？這樣有什麼壞處嗎？

日本的核心產業是製造業和鋼鐵業，在 1990 年代泡沫經

濟破滅之後,特別是電子製造業和汽車製造業的業績開始下滑。進入 2010 年代,更遭受日圓升值所苦。

就像我們在第 3 堂課中解釋的,日圓升值對出口產業不利,因為出口後,商品送達出口目的地時是以美元支付貨款,而當時美元的價值低於日圓。

日本的出口核心產業陷入困境,於是政府試圖透過超常規寬鬆貨幣政策來克服。

如此一來,出口產業能享受以下幾個好處。

> **超常規寬鬆貨幣政策的計畫**
>
> ① 透過貨幣寬鬆政策,將利率維持在「0%」左右的低水準
> ② 賣出利率低的日圓,買入利率高的美元
> ③ 當日圓價值下跌貶值時,出口企業能收到以美元支付的款項,而美元的價值高於日圓

學生 原來如此!日本實施超常規寬鬆貨幣政策,其實就是為了保護遭受日圓升值影響的出口產業。

沒錯!但是超常規寬鬆貨幣政策的效果卻不如預期。

由於日圓貶值,豐田(Toyota)等製造商的銷售額表現亮眼。但是**這並不代表日本企業的生產力或能力有所提升**,這部分後面將會詳細解釋。實施日圓貶值這道強心劑的效果,只能改善一時的業績。日本出口產業的生產力無法跟上外國競爭對手,難以成功搶下市占率。

特別是在 2016 年,大型家電製造商夏普(Sharp)因經

營狀況惡化，遭到台灣鴻海科技集團（Foxconn Technology Group）收購，此一事件震驚日本社會。許多日本製造商無法像過去一樣，維持全球市場的市占率。

事實上如果比較人均 GDP [3]，就可以知道日本的排名從 2012 年世界第 14 位，跌落至 2023 年的第 34 位。

企業也明白這一點，因此沒有意願在日本國內進行投資，而是選擇將利潤以「保留盈餘」[4]的方式留在企業內部。 根據日本財務省統計，2022 年度地方企業的「保留盈餘」（不包括金融、保險），總計為 554 兆 7,777 億日圓，比上一個年度增加了 7.4%。

而且**擁有保留盈餘的企業數量連續 11 年都在增加，達到歷史最高**。也就是說，雖然業績提高了，卻沒有連帶提高勞工的福利，導致薪資沒有跟著提升。

此外，安倍經濟學的第 3 支箭——刺激民間投資的成長策略（改革規定），在過去受到保護的農業、流通業、醫療業等產業，以及相關政界人士的強烈抵制下，一直沒有顯著的成果。

若直接描述日本經濟狀況的話，那就是：「依然處於困境之中」。從國際的角度來看，相較於「失落的 20 年」，日本的經濟地位反而在「2012～2022 年」這段期間大幅下滑。

日圓會貶值，不只是因為貨幣政策！？

3　譯註：人均 GDP（GDP per Capita）是將 GDP 總額除以國家人口數所計算出來的平均值，可以衡量人民的生活水準及國家的經濟發展。

4　譯註：Retained Earnings。也可以稱為未分配盈餘。是指企業將部分盈餘發放給股東，另一部分則留存在企業作為未來再投資使用的資金。

\ 這裡的重點 /

> 2022～2023年時日圓大幅貶值,引發成本推動型通貨膨脹。受到新冠肺炎疫情和烏俄戰爭的影響,通膨率的漲幅超過薪資漲幅。薪資的下降,對消費者來說無疑帶來極大的負擔。

學生 這樣說來的話,應該不是「失落的 20 年」,而是「失落的 30 年」才對啊!

是的,沒錯。此外,雖然一般認為日圓貶值是因為貨幣政策所導致,但其實並非如此。日圓貶值不僅與第 130 頁提到的貿易收支問題有關,最根本的問題其實在於日本經濟長期陷入低迷。

我們在第 59 頁曾經提到,在 1970 年代後期到 1980 年代初期,日本享有「日本第一」的美譽。

當時,日本的 GDP 位居世界第二。日本產品在作為全球經濟驅動力的美國也相當暢銷,美國也不得不學習日本式的工作方式(如終身雇用制等日本勞動慣例)和日本式的製造方法(豐田式的簡易高效生產管理方式[5])。**當時,日本產業備受全球欽羨,日本規範也被視為全球標準**。直至 2010 年左

---

5 譯註:豐田式生產管理(Toyota Management),由豐田汽車副社長大野耐一建立的現代化生產管理模式。其中結合了豐田集團的即時管理系統(Just in Time, JIT)與看板管理系統,並加入高度自動化生產,落實生產制度與規畫。

右，日本在國際上仍是經濟大國（見圖 4-6）。

但是，現在的日本經濟卻陷入嚴重低迷。國際貨幣基金（IMF）負責維持國際貨幣體系的穩定。然而，根據 IMF 的預測，2023 年的日本 GDP（以美元計算）將被德國超越，從世界第三落至第四。[6] 2000 年時，日本的 GDP 還是德國的 2.5 倍，由此可見日本經濟衰退有多嚴重。

經濟實力下降，就會導致該國的貨幣人氣降低，貨幣價值也會隨之下跌。**日幣貶值的情況日益嚴重，原因之一就是「失落的 30 年」是日本經濟長期低迷所造成的。**

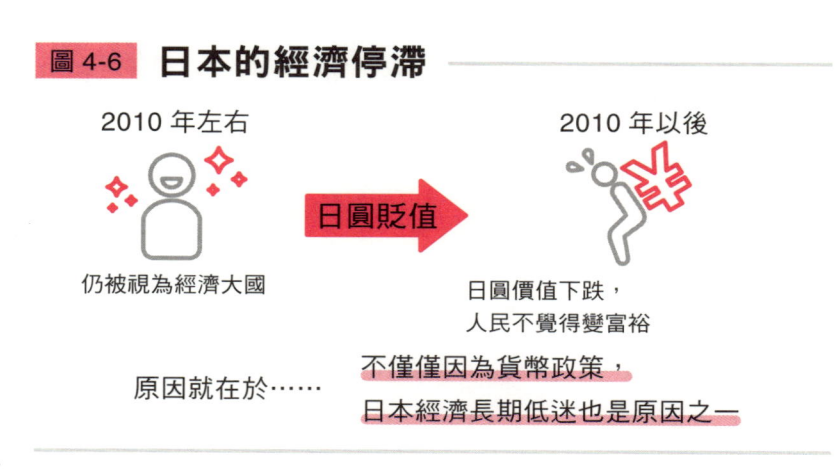

圖 4-6 日本的經濟停滯

2010 年左右　→（日圓貶值）→　2010 年以後

仍被視為經濟大國

日圓價值下跌，人民不覺得變富裕

原因就在於……

不僅僅因為貨幣政策，日本經濟長期低迷也是原因之一

6　編按：根據 IMF 在 2025 年 1 月 10 日的《世界經濟展望》（*World Economic Outlook*）指出，2025 年 GDP 預估值日本為 1.1，德國為 0.3。

日本做什麼，才能擺脫低經濟成長率？

已開發國家中，日本經濟成長率最低

我們已經說明了泡沫經濟破滅後的日本經濟狀況，不妨再多往前追溯一點，看看日本過去是如何實現經濟成長吧！因為過去歷史的軌跡，將提供未來經濟成長的線索。

圖 4-7 顯示日本的經濟成長率。

圖 4-7　實質經濟成長率的變化

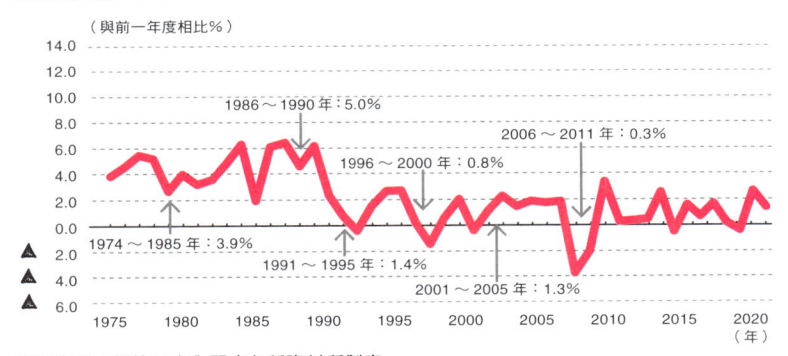

（與前一年度相比％）

1974～1985 年：3.9%
1986～1990 年：5.0%
1991～1995 年：1.4%
1996～2000 年：0.8%
2001～2005 年：1.3%
2006～2011 年：0.3%

資料來源：根據日本內閣府各種資料所製表

經濟成長率可分為「實質經濟成長率」和「名目經濟成長率」兩種。

名目經濟成長率中包含通貨膨脹率的數值，而實質經濟

成長率則是用名目經濟成長率減去通貨膨脹率後得到的數值。由於通貨膨脹率隨時都在變動，因此扣掉通貨膨脹影響的實質經濟成長率，反而能夠更準確地反映實際情況。

學生 所以，通貨膨漲率比較高的那一年，就好像穿了木屐般身高變高了，而實質經濟成長率就是把木屐脫掉後的數字，這樣我理解了。

很棒喔！你這樣解釋非常清楚。

圖 4-7 這張圖表也顯示了每段期間的平均經濟成長率。雖然圖表上沒有列出，但是 1965～1973 年是經濟快速成長時期，經濟成長率約為 9%。1973 年秋季發生石油危機之後，經濟成長率下降，**1980 年代從 3.9％略微回升至 5％以下**。

但是 1990 年代泡沫經濟破滅之後，經濟成長率大幅下降至 0～1% 之間。簡單來說，在經濟的高度成長時期，成長率大約在 10% 左右，隨後進入穩定成長期，直到 1970 年代後期到 1990 年代，成長率下降到 5% 左右。**而失落的 30 年就是指這段時間的經濟毫無成長**。

並非只有日本才出現經濟成長率隨時間下滑的現象，其他已開發國家也有類似趨勢。這是因為已開發國家不像開發中國家，能再引進新設備和進步的技術，經濟成長率才難突破。**但在已開發國家中，日本的經濟成長率仍舊是最低的**。

女性與高齡人士投身勞動市場是關鍵

為什麼日本的經濟成長率會變得這麼低呢？接下來我們

要講解的,正是本書最重要的部分,所以請聽清楚。

經濟成長率大幅下滑的主要原因之一,是工作年齡人口的減少。第139頁曾提到,工作年齡人口是指15歲～64歲、具備工作能力的人口。能夠生產商品和服務的人口數愈多,供給能力就愈大,有助於提高GDP,促進經濟成長。

但是,日本的工作年齡人口長期減少。請看圖4-8,此數據顯示工作年齡人口的消長。

雖然工作年齡人口從1950年開始上升,但這是因為1947～1949年嬰兒潮出生的孩子進入工作年齡人口。

然而,工作年齡人口自1995年達到高峰之後,就一直不斷下降。原因在於1980年代以來出生率下降,以及愈來愈多人年滿65歲就退休。

圖 4-8　工作年齡人口的變化與預估

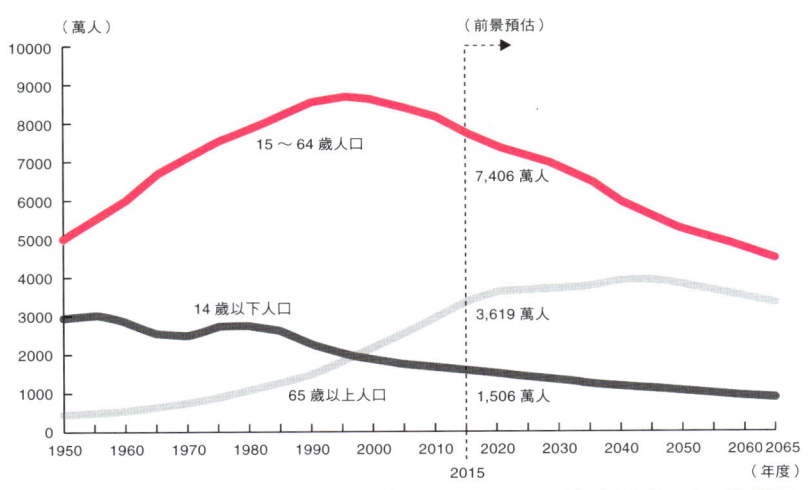

（萬人）

類別	2015年人數
15～64歲人口	7,406 萬人
14歲以下人口	1,506 萬人
65歲以上人口	3,619 萬人

資料來源:根據日本總務省的「人口普查」、「人口推估」,以及國立社會保障、人口問題研究所「日本未來人口推估(2017年1月):出生中位數.死亡中位數預估」(各年度10月1日的人口)的內容製表

截至 2020 年,工作年齡人口為 7,406 萬人,預計將持續下降,到 2065 年來到約 4,500 萬人。另一方面,65 歲以上的人口數量穩定成長,自 1990 年代末期以來已超過 14 歲以下的人口數量。預計到了 2065 年,65 歲以上的人口數量將會占總人口的 40%。

學生 ……這樣說來,日本未來的經濟成長會愈來愈嚴峻囉?

有兩個方法可以增加工作年齡的人口。
第 1 個方法是提高女性的就業率。讓擁有優秀技能的女性擁有適合的職場,而且不只是兼職,而是能找到正職工作。這可說是振興日本經濟成長的一大關鍵。政府之所以推動女性參與社會,就是希望讓更多有能力的女性獲得工作並促進經濟成長。

另 1 個增加工作年齡人口的方法,就是提升高齡者的就業率。

隨著平均壽命的增加,超過 65 歲還能工作的人很多,希望繼續工作的高齡者也不斷增加。雖然工作年齡人口的上限是 65 歲,但是有實際勞動力的高齡者如果能繼續留在勞動市場,應該對 GDP 和經濟成長能做出貢獻。

學生 我認為似乎有愈來愈多的女性進入勞動市場,但是老師認為增加高齡者的工作人口數目,對經濟成長率有那麼大的變化嗎?

你提出的問題相當尖銳呢!事實上,大家期待女性和高

齡者加入勞動市場，能抵銷日本因為少子化、高齡化等問題所造成的勞動供給的負面影響。

但是很可惜，女性的勞動參與率已接近上限，無法再大幅提升。而且，雖然高齡就業者的增加能帶來一定的效果，但是從工作品質來看，仍有許多挑戰需要克服。儘管人們對有高技能的女性和高齡者有所期待，但光靠他們也很難活化日本的經濟。

藉由全球化，吸引海外年輕人

不過，對於工作年齡人口長期減少的日本來說，並不是沒有無法實現經濟成長的方法。因為我們的目光應該走出日本，擴展到海外去。**如果日本國內的年輕人口減少，可以引進具有優秀技能的海外年輕人**。這是促進日本工作年齡人口成長的重點之一。

美國過去 10 多年來之所以有高度的經濟成長，很大部分的原因是優秀移民帶來的貢獻。美國原本就是移民國家，時至今日世界各地仍有許多移民湧向美國尋求成功。特別是擁有 IT 技能的人才，更是從印度和歐洲移居美國，創立自己的企業。

海外有很多年輕有為的人才。由於「創新」往往誕生於相異的複數思考方式、相異的複數文化間的碰撞。**如果海外的年輕人才湧進日本，就可以與日本的年輕人切磋合作，迸發嶄新的創意**。或許我們能期待這樣的未來吧！

當然，尋求海外勞動力並不容易。基本上日本是個語言和文化單一的島國。或許因為如此，日本國內的居民往往會

把海外移民視為異類，顯露出的拒絕反應似乎也比其他國家更為強烈。要是文化背景差異很大，又不會說日語的話，可能會覺得在日本特別難溝通。

而且，移民問題往往伴隨著社會治安的惡化，這一點在歐美也成為社會問題。即使像美國這樣接受大量移民的國家，也並不樂見大批南美洲的非法移民大舉湧入國內。

此外，**當低技能移民進入日本國內的勞動市場，也有與國內勞工競爭的風險**。一旦雇用移民的成本較低，國內勞工就會擔心自己的工作被搶走。實際上，這樣確實更可能造成失業問題。

總而言之，**具備高技能的人才有利於經濟的成長**。但是該如何吸引這樣的人才，並將他們引進到國內推動創新呢？現況是全世界對具備 IT 技能的優秀工程師的需要很高，招募競爭也相當激烈。

日本曾經是世界各國到海外工作的熱門首選，現在卻不再如此搶手。因此日本該做的，就是努力為海外人才創造有吸引力的工作環境。

從 1990 年代的美國，發現讓日本經濟成長的線索

美國經濟成長的背景

已開發國家在經濟成長後，經濟成長率會逐漸下降是事實。因為一旦成為已開發國家，就比較難從其他地區引進先進設備和技術。

另一方面，開發中國家可以從已開發國家引進新的設備和技術，來達成經濟成長。並以此為踏板，以逐步邁入已開發國家的行列為目標。

但是，令人驚訝的是，**身為已開發國家的美國，在 1990 年代後期就實現了高度的經濟成長**。

美國因為經歷 1980 年代的石油危機、1990 年代前期參戰波斯灣戰爭（Gulf War）的影響，甚至在 1991 年出現經濟負成長。即便如此，由於發生了後面會提到的「某起事件」，仍然能夠在 1990 年代後期實現 4% 左右的經濟成長率。這非常罕見。

究竟美國經濟為什麼能夠達到如此高度的經濟成長呢？或許深入分析結構之後，就能為陷入困境的已開發國家──日本，找到達成高度經濟成長的線索。

學生 到底引發美國經濟成長的契機是什麼？

那就是「網路革命」帶來的 IT 產業成長。網路革命指的是，我們的生活和商業模式都因為網路而有了巨大的變化。譬如說，電子郵件催生了全新的溝通手段、網路購物變得普及和社群媒體的誕生。網路的普及連帶促進無數的技術進步、推動 GDP 的成長。

正是分析引發網路革命的結構，能夠對日本的經濟成長帶來啟發。

接下來我們分別以消費者、服務提供者的立場，仔細看看網路革命發生的理由。

有哪些消費者端的因素？

消費者端的因素有以下 2 點。

網路革命背後的消費者因素

① 個人電腦的高普及率
② 網際網路的網路外部性（Network Externalities）

網際網路風行、普及全球包含日本的契機，始於微軟（Microsoft）在 1995 年發售的電腦作業系統「Windows 95」。當時的主流是個人電腦透過電話線路進行一對一的通訊，而搭載連結網路功能的「Windows 95」登場，卻可以讓使用者同時與世界各地的人們相互聯繫。

而且 1995 年的美國，家家戶戶都有個人電腦，普及率相當高（①）。電腦作業系統「Windows 95」在此時發售，瞬間提升每個家庭的網路使用率。**各家企業也開始透過網路提**

供產品和服務，消費者層級對於透過網路交易的需求更急速增加。

② 提到網際網路的網路外部性，是指隨著使用商品與服務的人愈來愈多，便利性就愈來愈高。

學生 ② 網際網路的網路外部性這個詞，我還是第一次聽到，我們身邊有這樣的例子嗎？

不如我們就用現在很流行的交友軟體來解釋吧（見圖4-9）。

交友軟體是透過平台，提供男女相互認識機會的應用程式（Application, APP）。使用 APP 的人愈多，價值就愈高。因為用戶愈多，和自己能配對成功的對象就愈多。

這樣一來，就比較容易理解 Facebook、Instagram 和 Twitter（現為 X）等平台了吧！如果使用這些社群平台的人很少，APP 上可獲得的資訊、可以互動的人數就很有限，因而限制了便利性。相反地，用戶愈多，APP 中的資訊就愈多，便可能跟愈多人交流，因此便利性就愈大。

利用網路的人愈多，可以互動的人不僅大幅增加，能收集到的資訊也會跟著飛躍式的成長。基於網路外部性的特色，使用者隨之激增，也為全新商業模式奠定了基礎。

服務提供者端的背景因素是？

接下來，服務提供者端的因素則如下所示。

圖 4-9　交友軟體與網路外部性

戀愛、婚姻配對 APP
是網路外部性的服務之一

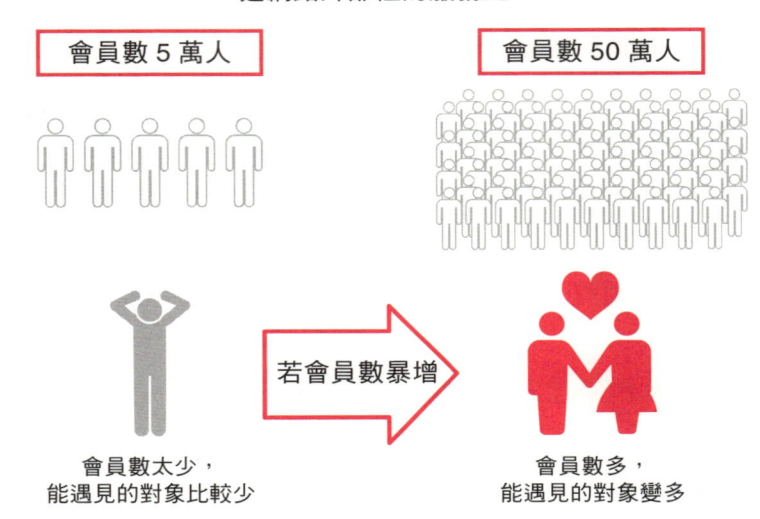

會員數 5 萬人　　　　　　　會員數 50 萬人

若會員數暴增

會員數太少，　　　　　　　會員數多，
能遇見的對象比較少　　　　能遇見的對象變多

使用者愈多，便利性就愈高

引發網路革命的服務提供者的背景因素

① 開放式創新
② 新創公司人才濟濟
③ 對新創公司的資金支援

所謂的 ①「開放式創新」（open innovation），是指企業將自己擁有的技術開放給市場，作為交換，也可以獲得其他企業公開的技術或想法，並進一步研究開發。從 2000 年代開始，大家相當注意這種活用網路開發新產品和新服務的手段。

相反地，企業只依賴自己內部的技術和想法來研發的方

法，則稱為封閉式創新（closed innovation）。

隨著網路普及等環境的改變，現在已進入新時代，只憑公司內部的經營資源，很難創造新價值。因此，美國各家IT公司加快腳步，活用別家公司的技術和點子，或者透過有助於降低開發成本的開放式創新，推出新產品、新服務。當然，這個方法不表示企業獨家的專有技術會全部開放給市場。而是為了達到策略性的成長，將技術和想法分為「封閉的」及「開放的」兩類。

簡單來說，如果只關心公司內部發生的事情，就會變成「井底之蛙」，因此大家的態度已轉為會積極地從外部引進新想法、新技術。

②「新創公司人才濟濟」在1990年代美國經濟成長也扮演了非常重要的角色。創投公司是基於創新的理念和技術，開展新產品和新服務，且設立年數短的新公司。

上一篇也曾提到，**來自世界各地、有著不同背景、各自才華橫溢的年輕人大量湧入美國**。他們有強烈的進取心，也願意挑戰高風險、高報酬的創投事業。

與大公司不同，剛成立的新創公司在打造從無到有的產品和服務的限制較少。**雖然失敗、花光資金的風險很高，但是如果成功，就能夠向全世界提供最尖端的產品和服務**。這種投資的特色是有機會主導市場，因此一旦成功就能獲得巨大的報酬。

另一方面，現有的大型公司在創造新產品和新服務時，往往傾向於避免承擔風險。因為一不小心，新產品可能會吃掉現有產品或服務的市場分額。

舉例說明，豐田汽車公司為了製造既有的油車，已經建立

了適合自己公司與子公司集團下等公司的高效生產體系。就算以豐田這個品牌推出新電動車，還是擔心會分食既有油車的市場分額，甚至可能大規模重整集團旗下在內的相關人員。事實上，目前電動車領域的霸主是 20 世紀根本不存在的特斯拉（Tesla）、比亞迪（BYD）等全新創投企業。

但是，單單增加能挑戰高風險、高報酬創投企業的人力，也無法孕育出成功的創投公司。**關鍵在於 ③，能否打造提供新創公司必要資金援助的適合環境。**

圖 4-10 「直接金融」與「間接金融」的差異

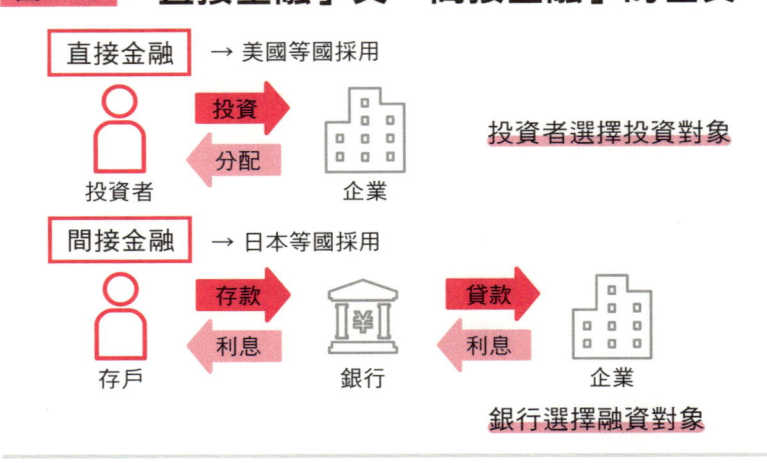

直接金融 → 美國等國採用

投資者 ─投資→ 企業
投資者 ←分配─ 企業

投資者選擇投資對象

間接金融 → 日本等國採用

存戶 ─存款→ 銀行 ─貸款→ 企業
存戶 ←利息─ 銀行 ←利息─ 企業

銀行選擇融資對象

要理解這一點，就需要了解日本的間接金融與美國的直接金融的差異。

如圖 4-10，兩種金融體系的差異，就在於交易是否透過金融機構間接進行，還是資金的借方和貸方直接進行。

在間接金融中，存戶把錢存入銀行，銀行再將錢借給企業。**在間接金融方式盛行的日本，新創公司等高風險、高報**

酬的公司要貸款是困難的。

學生 日本的新創公司要貸款為什麼這麼困難？

這是為了防止銀行倒閉。銀行一旦倒閉，存戶資金無法獲得全額保障的風險會提高。對於借款的企業來說，這表示他們無法獲得延續事業的貸款，陷入資金不足的風險也大幅提升。

所以銀行在決定放款對象時，不會把錢貸給「未來可能會大紅大紫的公司」，而是優先選擇「根據過往業績，還款可能性較高的公司」，並要求借方提供土地作為擔保。

此外，日本金融廳和日本央行也會定期檢查大型銀行的經營狀況。創投企業因為缺乏可以抵押的土地或資產，所以很難向銀行借錢。

另一方面，**美國以直接金融為主流模式，企業可以透過發行股票和債券向投資者籌集資金**。是否要投資高風險、高報酬的企業，由投資者自行決定。由於提供資金的人（投資者），要對自己的行為負責，因此他們一旦判斷要賭賭看投資新創公司，就不需任何抵押，資金就會直接流向這家新創公司。直接金融的模式確實為新創公司創造了更容易籌資的環境。

說到這裡，我已經說明了美國網路革命如何成為經濟成長基礎的背景。以下稍微總結。

從消費者的角度來看，網路在全球興起的時間點上，美國已經家家戶戶都有個人電腦。由於網路外部性，使用網路平台的人愈來愈多而提高了便利性，更進一步增加大眾對於這些便利服務的需求。

另一方面，在服務提供者方面，開放式創新的興起加快

了創造新服務和新產品的速度。而且美國除了吸引許多優秀人才進入新創公司，同時也創造出完善的投資環境，讓投資者支援創投企業的發展。

在這樣的環境下，因此誕生了以 Google、Apple、Facebook、Amazon 為代表的美國四大科技巨頭（GAFA），推出創新的產品和服務。消費者與服務提供者之間的加乘效應，帶動美國 IT 產業的快速成長，實現了美國的高度經濟成長。

借鏡美國經濟成長，日本應該學習什麼？

學生 非常謝謝老師的解說。這樣聽起來，我們日本人可以從美國的例子學到什麼呢？

最重要的是建立讓資金更容易流向新創公司的機制。
新創公司的特色就是風險高、報酬高，想當然耳失敗的案例也很多。

例如，日本軟銀集團（Softbank）除了電信業務外，還有名為願景基金（Vision Fund）的投資事業，專門投資有前景的創投公司。即使像軟銀的投資公司，也曾投資失敗、蒙受虧損，所以很難有目光精準、投資完全成功的公司。

直接金融能容忍貸款違約等風險，因此充分利用其優勢相當重要。關鍵在於創造完善的環境，能為期待未來性的創投企業提供資金。

另一方面，從消費者端的因素來看，如今日本的網路相當普及，已為企業創造了能利用網路外部性發展的環境。

但是，日本消費者注重細節的服務，對安心、安全保障的要求很高。從消費者的角度來看，這些都是合理的要求；但對於尋求擴展新業務的公司來說，這些要求卻可能有點嚴苛。如果消費者能夠忍受一點小瑕疵，企業才有更高的意願與動力去發展新業務。除此之外，對於以創新為驅動力的經濟成長來說，這個環境是否允許失敗後再次嘗試也非常重要。

\ 這裡的**重點** /

> 投資新創公司的資金可能無法回收，所以光靠民間的力量並不夠，還需要包含國家在內的資金支援。

第 5 堂課

5st period

全球化停滯了嗎？
國際貿易的新結構

日本動漫輸出是全球化現象之一

從常見的例子來思考全球化

第 5 堂課我們將講述與國際貿易有關的課程內容。貿易是跨越國境交換貨物（出口或進口）的活動。例如，從鄰國韓國買入美容產品（進口）就是貿易活動，而日本出口汽車到美國也是貿易活動的一種。

近年來，「全球化」已經是與貿易緊密相連的關鍵字。大概有不少人覺得所謂的全球化（globalization），就是本國人到海外經商、外國人來本國工作，或者愈來愈容易到世界各國旅行吧。

這樣的理解雖然沒有錯，卻只是全球化的一部分。全球化的正式定義是，「人、商品、服務、資金都會跨越國境流動並相互連結，進一步促進世界經濟整合、統一」。

學生 這樣聽起來，感覺全球化似乎跟我無關，只跟大國家、大公司有關。

話可不能這麼說。其實每個人都受到全球化的影響喔！最常見的例子就是網路（見圖 5-1）。

透過網路，大家現在可以與遠在其他國家的人們互動。

圖 5-1 全球化產生的變化

個人
- 在社群媒體上,觀看國外的影片
- 在 Amazon 購買從海外寄來的商品
- 利用 Zoom 等,開線上會議

企業

日本 ──出口動漫──→ 韓國

日本 ←──進口美容商品── 韓國

我們周遭的生活因為全球化,
出現了極大的改變

例如,應該有很多人會透過 Amazon 購買海外產品,或使用 Zoom 等網路會議 APP,在線上與世界各地的人們交流。

這樣的「全球化世界」不僅僅是物質的流通,也包含了服務和資訊的交換。這不僅僅是個人間的交流,企業之間也會頻繁交換服務和資訊。例如,日本的動漫產業相當發達,將動漫的內容文化輸出到世界各地並大受歡迎,也是相當厲害的全球化貿易活動。

\ 這裡的重點 /

> 近年來,企業間日益增長的趨勢是,將產品的原料採購、生產製造、加工處理、流通運輸,一直到銷售的整個流程(=供應鏈)進行國際分工。這也是象徵全球化的架構之一。

世界貿易組織促進全球化

過去，人們認為全球化能夠使世界更團結、繁榮。因為無論身處世界的哪個角落，都能從海外購得便宜的食品和服務，還能將本國自豪的產品和服務推廣到海外販售。

事實上，世界一直在推動全球化。甚至到了現在，從總體經濟學的角度來說，仍然認為持續進行的全球化是好事。

然而**近年來，全球化停滯不前，甚至開始出現「反全球化」的動作**。為什麼會發生反全球化呢？為了解釋原因，我們不妨先一起看看全球化的歷史脈絡吧（見圖 5-2）！

圖 5-2　全球化的國際歷史

1945 年

國際貨幣基金（IMF）創立
目的：穩定國際貨幣體系

⬇

1947 年

關稅暨貿易總協定（GATT）誕生
目的：盡可能取消過高的關稅、進口數量限制等壁壘

⬇

1995 年

世界貿易組織（WTO）成立
目的：促進全球成為 1 個貿易經濟區

與 GATT 不同，WTO 要求成員國遵守協議
另一方面，仍存在成員國間意見不一致的情況

這一切的發生，要追溯到第二次世界大戰結束之後。1945 年第二次世界大戰結束後，為了達成國際間穩定的貨幣體系，創立了國際貨幣基金（IMF）。

為了讓貿易活動順利展開，大前提是必須先入手外幣（＝美元），再兌換成本國貨幣。大家期待匯率穩定（＝兩國間的交換匯率），IMF 因此建立了固定匯率的外匯市場，允許國際貨幣自由流動。如此一來，**人們能夠自由地以固定比率（＝固定匯率）將本國貨幣兌換成外幣（＝美元）**。當時，1 美元相當於 360 日圓。

1947 年由美國主導，制定了稱為關稅暨貿易總協定（GATT）的國際貿易協定。

一般來說，跨國貿易、交易商品或服務時，必須繳納稱為關稅的手續費（＝稅金）。**設定 GATT，是為了盡可能取消過高的關稅、進口數量限制等壁壘，期待讓國際貨物和服務的交易更加暢通無阻**。

隨著 GATT 的成員國增加，1995 年成立了正式的國際組織「世界貿易組織」（WTO）。（台灣情況請見附錄 5-1）WTO 成立的宗旨是希望讓全世界成為 1 個經濟圈，不論和哪個國家都能透過降低關稅，讓交易更順暢，進而推進全球化。

學生 GATT 變成 WTO 後，有什麼不同之處嗎？

基本上，兩者立場是相同的，主要差異在於「強制力」。GATT 本身不具強制力，但 **WTO 成員國必須遵守協定**。而且，也因為 WTO 具有解決貿易糾紛的強力手段，因此成為強大的國際機構。

這樣運作下來，大家覺得全球化發展下去會產生什麼結果呢？

根據世界銀行（World Bank, WB）[1]的數據，2019年世界GDP總量為85.9兆美元。與1960年相比，規模增長了約60倍。

近年來，日本已經不再只是出口國內產品，也會進口海外商品。透過建立供應鏈，世界各地的企業相互連結，讓大量的商品、資金和人員流動。為了讓供應鏈正常運轉，執行「採購價格談判」「製造過程的調整與整合」「銷售通路的開發與拓展」等各式各樣的商業活動。如此一來，才得以建構出今日的跨國經濟全球化。

\ 這裡的重點 /

> WTO談判非常困難，因為已開發國家和開發中國家都會參與，而其中牽扯的各國利益過分複雜，很容易發生對立與衝突。事實上，2001年開始的WTO杜哈回合（Doha Round，又稱多邊貿易談判）就因為必須堅持所有成員國的一致同意才能達成協議（共識）的原則，而凸顯出WTO機制的局限性。

1　譯註：由5個國際金融組織構成：國際復興開發銀行（IBRD）、國際開發協會（IDA）、國際金融公司（IFC）、多邊投資擔保機構（MIGA）、解決投資爭端國際中心（ICSID）。終極目標是透過貸款與投資，促進與支持發展中國家的經濟發展，消滅貧窮，增進各國人民福祉。

讓生活更加富足的
理想貿易情況是？

藉由自由貿易，淘汰缺乏競爭力的企業

世界各國透過更順暢地兌換多種貨幣，擴大商品和服務貿易的範圍。到目前為止的趨勢是創立國際組織，將經濟全球化擴展到全世界。

隨著全球化的不斷發展，最終將實現「**自由貿易**」。所謂的自由貿易，簡單來說就是「沒有限制的貿易」。通常，跨國交易商品或服務時，必須繳納稱為關稅的費用（＝稅金）。**沒有限制的貿易表示取消關稅，讓商品和服務如同在本國裡，採取相同的條件自由進行交易**（見圖 5-3）。

學生 所以自由貿易就是以不用繳納關稅為目標的交易嘛！

沒錯！就是這樣。隨著自由貿易持續發展，消費者將能夠以更低的價格購買商品和服務。這是因為這麼做可以鼓勵從世界各地進口的商品免除關稅，與國內企業發生競爭。結果商品價格下跌，消費者就能夠以更低的價格，獲得更多種類的商品和服務。

另一方面，自由貿易對企業來說卻是有好有壞。

首先，對出口產品到海外的公司來說，因為可以免除關

圖 5-3　自由貿易與關稅

有限制的貿易

📦 ＋ 關稅　　出口與進口商品都需要繳納關稅

無限制的貿易

📦 　　　　　出口與進口商品都不需要繳納關稅

自由貿易的目標就是實現不用繳納關稅的交易

稅到國外販賣，就能預期銷售額有所成長。

但是，**因為自由貿易也同時允許從海外進口便宜的商品和服務，所以與海外企業競爭的企業或國內的生產者，必須打贏這場仗才能存活**。當消費者有機會同時接觸到販賣相同產品的國內外企業時，自然會選擇比較便宜的企業。一旦消費者選擇海外企業而非國內企業的產品和服務，很可能會導致國內企業的銷售額不彰，造成員工失業。

譬如說，如果有大量的美國加州米進口到國內，會發生什麼事情呢？加州米不僅便宜、價格也很有競爭力。若消費者不再選擇購買本國農民生產的米，會大大打擊本國農民的生活，甚至會導致部分農家無法繼續發展生產稻米的事業。

學生　這樣聽起來，自由貿易也不一定就能帶來好結果耶！到底該怎麼辦才好呢？

就總體經濟學的觀點來說，會以消費者利益優先。

在自由貿易的發展中出現競爭，會使得每家企業都努力提高生產力。以更低的成本生產更高品質的產品和服務，對消費者來說，確實是好事一樁。**因此在這個過程中，缺乏競爭力的公司就難免被迫退出市場**。

但是前面也提到，如果企業因為無法與海外企業競爭而被淘汰，就會造成員工失業。然而，就總體經濟學的角度來說，失業問題難以避免。因為與其讓缺乏國際競爭力的企業存在，員工繼續留任，還不如讓人才轉移到具國際競爭力的公司，最終才能更有效地振興當國經濟。

學生 但是失業了，不是所有人都能馬上找到新工作啊！

確實如此。其實員工離開缺乏競爭力的公司後，別家公司也不會馬上就接收人力，多半都會需要一些時間。這就是為什麼**要制定關稅來保護勞工的就業**。

例如，日本從海外進口蘋果時，不僅要收取蘋果產品價格本身，還會加上向海外進口商徵收額外的附加稅（$+\alpha$），這稱為關稅。

目前日本對蘋果徵收的關稅率為 17%。這表示價值 100 萬日圓的進口蘋果會額外徵收 17 萬日圓的關稅。（台灣情況請見附錄 5-2）由於課徵關稅，進口的蘋果自然就不會大量湧入日本國內市場，因此能夠進一步讓當地生產的蘋果維持市場占有率。

如此一來，關稅不僅可以防止海外商品和服務大量湧入國內，還可以進一步保護需要與進口商品競爭的企業和相關從業人員（見圖 5-4）。

圖 5-4　以蘋果為例，觀察日本關稅的角色

國外生產的蘋果
比日本當地生產的蘋果還便宜，價格具競爭力
→增加蘋果的市場

課徵關稅

因為需要繳納關稅，出口到日本的數量似乎減少了

海外來的蘋果減少了，
日本產的蘋果獲得保護

保護主義發揮作用，能保護勞工就業

　　前面我們曾經提到，自由貿易發展造成企業員工的失業問題，因此對進口商品徵收關稅，以保護國內企業和勞工。

　　具體來說，國家會透過實施以下幾項限制來保護本國產業（這也稱為「貿易保護主義」）。

貿易保護手段

① 對進口商品徵收關稅
② 限制進口商品數量
③ 加強進口商品檢疫

　　手段 ① 是對進口商品徵收關稅，提高價格，進一步保護國內商品的競爭力。此外，可能會針對與進口商品競爭的國內生產商提供補貼，降低在國內生產的成本，保有競爭力。

手段 ② 是減少進口數量。透過僅允許一定的進口量來保護國內產業。在極端情況下，甚至可能完全禁止商品進口。

手段 ③ 是藉由海關加強檢疫，限制進口貨物的數量。這或許是略帶點惡意的做法，但是以擔心存在有害物質等「安全隱憂」等理由來刻意加強檢疫措施。甚至是延長檢疫程序，導致實際上商品無法進口到國內。這樣的措施會讓進口商品很難在國內進行販售。

對進口商品徵收關稅，本來是希望以人為方式提高進口商品在市場上的交易價格。但反過來想，這也表示如果沒有關稅，國內的產品將無法與進口商品競爭。所以理性思考的話，關稅其實保護了生產力較低的產業。

但從日本的整體經濟來看，卻也表示人才都集中在生產力較低的產業，這並非好事。

然而，實情是為了保護自己國家的產業和勞工，全世界仍有許多國家對外徵收一定程度的關稅。

\ 這裡的重點 /

> 當某些農產品或工業品的進口量大幅增加時，WTO 允許國家採取措施來限制進口量，如暫時提高商品的關稅。這種方法稱為「防衛措施」（safeguard），可以暫時避免對國內相關產業的打擊。但是，WTO 不允許無限期的實施進口限制，因為這違反了自由貿易的理念。

第5堂課　全球化停滯了嗎？國際貿易的新結構

從關稅看日本的貿易立場

日本樂於擁抱全球化

現在有很多國家都會課徵關稅。那麼，日本徵收多少關稅呢？

圖 5-5 顯示幾個主要國家的平均關稅率數值。

「互惠稅率」是貿易夥伴國與國之間互相承諾「不提高關稅」的稅率；「實行關稅率」則是實際針對進口商品徵收的關稅率。

日本的關稅率約為 4%（全品項），與美國、歐盟（European Union）大致相同。因為各國對全球化採取開放的態度，所以可見國與國之間會相互降低關稅的態勢。而日本的基本立場認為，降低自身擅長領域（汽車等工業產品）的關稅，來換取他國降低對日本農產品課徵關稅的做法是無可奈何的。

舉例來說，日本過去曾實行相當極端的政策，連一粒米都不允許進口。雖然現在還沒到完全自由開放的程度，但從海外進口的稻米數量實際上不斷增加。

從表格中的數據可以知道，已開發國家的關稅往往比較低，發展中國家的關稅往往比較高。

這是因為對發展中國家來說，他們沒有其他可行的徵稅手段，因此關稅收入成為國家的主要收入來源。

圖 5-5　各國關稅率

	單純平均互惠稅率		單純平均實行關稅率	
	非農產品	全品項	非農產品	全品項
香港	0	0	0	0
日本	2.5%	4.6%	2.5%	4.4%
美國	3.2%	3.4%	3.1%	3.4%
歐盟	3.9%	4.9%	4.1%	5.1%
台灣	5%	6.8%	4.8%	6.5%
加拿大	5.1%	6.5%	2.1%	3.9%
新加坡	6.2%	9.1%	0	0
俄羅斯	7.1%	7.5%	6.1%	6.6%
中國	9.1%	10%	6.5%	7.5%
韓國	9.8%	17%	6.6%	13.3%
智利	25%	25.1%	6%	6%
巴西	30.8%	31.4%	13.8%	13.3%
印度	36%	50.8%	11.9%	15%
肯亞	57.9%	93.8%	12.3%	13.5%
賴索托	60.1%	79.4%	7.5%	7.7%

資料來源：根據日本經濟產業省《2022 年度不公正貿易報告書》第 5 章第 283 頁的內容製表

相反地，已開發國家除了關稅以外，還能確保獲得其他大量的稅收收入，而且也因為已開發國家重視自己國家消費者的利益、出口產業的振興和與其他國家經濟交流的立場，所以也會傾向降低關稅。

哪種農產品關稅率高達 280％？

那麼，具體來說日本到底對哪些商品徵收關稅呢？圖 5-6 是日本農林水產省公布的日本農產品關稅率一覽表。雖然有些商品免稅，但許多農產品仍然被徵收了關稅。

例如，**稻米至今依然要徵收 280％的高關稅**。由於稻米

是依照重量課稅的，1公斤的米得繳納341日圓的關稅。若以稻米的國際市場價格來換算，每公斤122日圓換算成稅率就是280%。假設進口價值100萬日圓的米，就可以徵收280萬日圓的關稅。

其他關稅稅率包括約30%的起司、38.5%的牛肉。然而因為受到日美貿易協定和跨太平洋夥伴關係協定（Trans-Pacific Partnership, TPP）的影響，美國和澳洲產牛肉的進口關稅稅率已降至25.8%。

圖 5-6 農產、水產的關稅率

大豆、咖啡豆（生豆）、菜籽	免稅	橘子	17%
稻米	一定進口量免稅 配額外：341日圓／kg	柳橙	16%
小麥	一定進口量免稅 配額外：55日圓／kg	蘋果	17%
大麥	一定進口量免稅 配額外：39日圓／kg	奶油	一定進口量：35% 配額外：29.8%＋985日圓／kg
粗糖	71.8日圓／kg	天然起司	一定進口量免稅 配額外：29.8%
豆類（豌豆、紅豆等）	一定進口量：10% 配額外：354日圓／kg	牛肉	38.5%
馬鈴薯、澱粉等	一定進口量：10% 配額外：119日圓／kg	雞肉	8.5%、11.9%
蒟蒻芋	一定進口量：40% 配額外：2,796日圓／kg	雞蛋	8〜21.3%
綠茶	17%	蝦子	1%
玉米（飼料用）	免稅	鰹魚、鮪魚類、鮭魚、鱒魚	3.5%
生鮮蔬菜	3%	鰤魚、沙丁魚、竹莢魚、鯖魚、鱈魚、干貝	10%
番茄汁	21.3%		

免稅或低稅率（配額內稅率）僅限於一定的進口數量（關稅配額數量）。一旦超過配額，超過的數量就必須採用較高的稅率（配額外稅率）。
資料來源：根據日本農林水產省出口、國際局國際經濟課《日本農林水產關稅制度》第4頁的內容製表

學生 蒟蒻課徵的關稅好驚人啊！

是的，當蒟蒻的進口量超過一定數量時，要徵收第 2 階段的稅率是每公斤 2,796 日圓。以蒟蒻的國際市場價格來換算，這個稅率高達 1706％。這是為了防止進口產品以低於國內產品成本的價格大量傾銷，而採取高關稅率來保護國內的蒟蒻產業。

將農產品的關稅降至 0，對消費者來說，輕鬆獲得便宜的蔬菜和水果的機會增加，但對從事農業相關工作的人來說，卻可能導致失業的問題。

從海外進口同樣的產品時，可以降低多少關稅？或者是出口這些產品時，可以減免多少關稅？這些都是簽訂貿易協定時，非常重要的關鍵內容。

學生 謝謝老師的解說。如此一來我就了解，不管是一律免關稅，還是關稅過高，都不是好事。

自由貿易可能導致國際衝突

自由貿易運作不順會發生貿易摩擦！

接下來，我們來具體談談自由貿易帶來的負面影響吧！這樣問大家可能覺得有點突然，我是想請問你什麼時候會與家人或朋友爭吵或發生糾紛呢？

學生 當我覺得自己受到傷害，或是雙方意見分歧的時候。

所以也就是一旦你覺得自身安全遭受威脅，或是彼此的價值觀不一致的時候囉！**事實上，在發展自由貿易的過程中，有時也會發生國家之間發生爭吵和糾紛的情況。**

在總體經濟學中，稱此為「**貿易摩擦**」。而所謂的貿易摩擦是指貿易可能造成國家發生爭執，甚至發展為政治問題。

為了解釋貿易摩擦，不妨以日本人食用的稻米當例子，假設從美國進口廉價稻米的情況吧！假設10公斤的米在日本生產的成本為3,000日圓，在美國生產的成本為2,500日圓（見圖5-7）。

這時如果取消稻米的關稅，建立自由貿易，日本民眾就能以低價購買美國米。也就是有1億2,000萬名的消費者將從中受益，好處非常大。

圖 5-7　貿易摩擦的示意圖

如果把美國生產的便宜稻米，進口到日本的話……

日本農民：如果無法賣贏美國米，收入減少就會活不下去 → 向政府施壓

美國農民：稻米出口量增加，希望把便宜的米賣給更多人 → 向政府施壓

發展成日本政府與美國政府需要涉入的政治問題

但是，從個人角度來考慮的話，美國米和日本米的價差只有 500 日圓，可能不會覺得買美國米有多麼划算。

但對生產者來說，卻是危急存亡的迫切問題。**如果消費者不再選擇日本農產品，日本農家敗給與美國農產品的競爭，日本農民的收入就會減少**。雖然日本農民的人數只占總人口數的一小部分，但這可能是生死攸關的大事。

這樣看來，全球化的特徵之一，就是會對特定產業和族群帶來巨大的負面影響。

說到如何面對這種情況的話，**日本農民可能會希望政府介入並制定完善的制度，確保自己的稻米利益不會受到損害**。但是，美國農民也應該會對美國政府提出希望增加出口到日本稻米的聲音。

最後，因為美國想出口稻米到日本，但日本想抵制，就會演變成兩國的貿易問題。這就是貿易摩擦發生的機制。

從美日貿易摩擦，看見自由貿易的代價

其實美國與日本以前真的發生過貿易摩擦。1970 年代，日本經歷了高度的經濟成長，汽車產業大幅發展。在全球汽車市占率極高，1980 年日本汽車產量超過 1,000 萬輛。銷售額甚至超越美國，拿下世界第一的紀錄。

由於日本車既省油，品質又佳，因此深受海外消費者的喜愛，特別是大量進入美國市場。

但是，這樣的情況卻讓美國當地的汽車產業備受困擾。**隨著日本車開始攻占市場，也發生美國勞工失業的情況**。事情愈演愈烈，美國汽車產業甚至面臨衰退危機。接著，當地開始掀起抵制日貨等的「重擊日本」（Japan bashing）運動，甚至還有毀壞、焚燒日本車等的行為。

學生 美國勞工一定是被逼急了，才會做出這麼偏激的行為吧！

沒錯。除此之外，1980 年全美汽車工人聯合會（United Automobile Workers, UAW）等組織，向美國國際貿易委員會（International Trade Commission, ITC）提出訴訟，要求限制日本汽車進口到美國本土。到此為止，此事已經升級為政治問題，美國和日本政府都捲入其中。日本政府和汽車製造商因此決定自主限制汽車出口到美國。即便最後情況獲得控制，對日本來說卻是痛苦的經驗。

推行自由貿易，結果卻可能引發他國產業衰退的危機。美日貿易摩擦就是從貿易問題升級為政治問題的典型案例。

＼這裡的**重點**／

日本汽車製造商開始在美國各地設立工廠，轉向當地生產的這段時間，正好就是美日開始發生貿易摩擦之時。在美國當地生產就不必課徵關稅。這個做法不僅增加銷售額，同時也會雇用當地勞工，為當地經濟做出貢獻。

「反全球化」催生新經濟圈

全球化陷入停滯

前面我提到與全球化相反的運動,也就是所謂的反全球化(antiglobalizaion),目前已愈來愈盛行。反全球化是指:「為了反對全球化而開展的社會運動和具備的意識形態」。

學生 可以請老師舉幾個反全球化的例子嗎?

其中一例是:有人批評跨國公司在好幾個國家經營時,會從發展中國家獲取不當利益。像有人指控 UNIQLO 和其他公司使用的棉花,是新疆維吾爾自治區強迫少數民族勞動所生產的。除此之外,大氣污染造成的環境破壞也被當成批判全球化的理由之一。

自由貿易隨全球化而發展,各國比過去接受更多海外的商品和服務。但湧入便宜的進口商品、具高附加價值產品的同時,進口國也要付出代價,因為本國製品的銷售額也不斷減少。

不管在哪個國家,跟進口商品競爭的產業及相關人員都處於劣勢,所以當然也有人、地區、國家覺得全球化的缺點大於優點。在這些國家中,反全球化的聲浪日益高漲,因而

出現反對國際自由貿易框架的動作。

就算你平常不太關心經濟新聞，應該也知道：美國在 2017 年退出「跨太平洋夥伴關係協定」（TPP）[2]；英國（United Kingdom, UK）在 2020 年退出「歐盟」（EU）。這些舉動都象徵著反全球化。

而反全球化的結果，讓現在的世界變成如何呢？WTO 並沒有達成讓全球成為自由貿易經濟區的理想，**現今的趨勢反倒變為建立起以區域為主體的經濟圈。**

從歐盟角度看區域經濟圈

我不如舉個例子吧！一起來看看歐盟。

歐盟是歐洲在經濟和政治兩方面都擁有共同理念的歐洲國家組織。成立於 1993 年，截至 2024 年共有 27 個成員國。**所有成員國通用稱「歐元」（Euro）的貨幣。從經濟的角度來看，這種區域性的整合是基於「最適通貨區域」的概念而組成的。**

最適通貨區域[3] 的定義是：好幾個國家或地區共同使用一種貨幣，希望促進區域內的自由貿易經濟整合，讓這個經濟

2　編按：美國退出後，其餘 11 國在日本的積極帶領下，於 2017 年 11 月 11 日越南峴港 APEC 領袖會議期間發表聯合聲明，發表聯合聲明將 TPP 改為 CPTPP（Comprehensive and Progressive Agreement for Trans-Pacific Partnership，跨太平洋夥伴全面進步協定）繼續合作。

3　編按：一般認為加拿大籍經濟學家羅伯特・孟德爾（Robert Mundell）是最適通貨區域理論（theory of optimum currency areas）的創始者，在 1999 年榮獲諾貝爾經濟學獎，也被譽為「歐元之父」。

區域能發揮最佳效果。

學生 這聽起來感覺有點難啊⋯⋯

大家不如以日本為例來思考吧！日本國內總共有 4 座大島：北海道、本州、四國、九州。假設這 4 座島嶼分別是獨立的國家，使用個別的貨幣。

島與島之間互相進行貿易的情況下，人員或貨物在移動時，必須課徵關稅，只要每次出口和進口就必須檢查。每次在 4 個島嶼間移動，都需要兌換彼此的貨幣和檢疫貨物。

這種方式會增加貨物的運輸成本，導致商品和服務的價格上漲，人們也難以在日本境內自由移動。如果全日本都生活在同一個經濟區裡，使用相同的貨幣，也允許人員和貨物自由流動，如此一來對所有日本人來說都很開心吧。

歐盟的整合，基本上遵循跟上述例子一樣的邏輯（見圖 5-8）。例如，當人員要從德國到法國、再從法國到西班牙移動，或者貨物要從德國送到法國，再從法國運送到西班牙時，必須多次交換貨幣和執行多次手續，不僅作業麻煩，還會導致成本增加。因此歐盟統一使用「歐元」貨幣，也取消各國間的關稅和檢疫，允許人員和貨物自由移動。換句話說，歐盟是個跨國的龐大經濟共同體。

最適通貨區域的好處還不只如此。統一貨幣的優勢在於，省去兌換不同貨幣時產生的手續費等費用，減少了不少負擔。由於匯率每天都在波動，統一貨幣之後就不必擔心貨幣價值上漲或下跌的匯率風險。

圖 5-8　最適通貨區域的示意圖

各國使用不同貨幣並課徵關稅

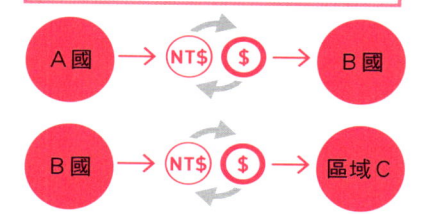

A 國 → NT$ $ → B 國

B 國 → NT$ $ → 區域 C

在不同國家移動時，
需要兑換貨幣等處理繁瑣的手續

在不同國家與區域底下，統一貨幣

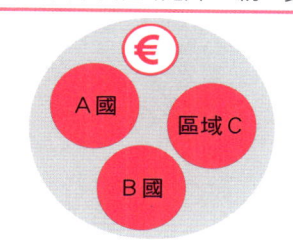

€
A 國　區域 C　B 國

省去關稅、檢疫，
人員或貨物都可以自由流通

學生　這裡提到的「匯率風險」是什麼意思？

　　我舉例說明，或許你會比較容易理解。在統一貨幣為歐元之前，法國的貨幣單位是法郎（Franc），德國的貨幣單位是馬克（Reichsmark）。如果 10 法郎 = 3 馬克，那麼 100 萬的法郎就可以兑換到 30 萬的馬克。但是如果馬克的價值在 1 個月後下跌，變成 10 法郎 = 4 馬克，那麼想將 30 萬的馬克兑換回法郎，只會得到 75 萬法郎。

　　這表示**因為法郎與馬克的匯率波動，出現了 25 萬法郎的損失**。這就是匯率風險。在最適通貨區域內，就不用擔心匯率波動造成的損失或收益等風險。

　　雖然歐盟因為組成最適通貨區域而備受關注，未來的討論卻可能集中在亞洲、北美等地區。特別是亞洲國家的經濟不斷發展，區域內的經濟關係也日益緊密。

學生　亞洲的最適通貨區將會超越國界呢！

是的。但是,政治、文化環境上也必須形成一定程度的共識才有可能形成最適通貨區域。以日本、中國、韓國、台灣等東亞為例,因為政治體制不同,地緣政治風險也偏高,因此即使在經濟合作方面取得進展,要實現貨幣統一前仍有許多障礙需要克服。

為什麼最適通貨區域的經濟相當活躍？

從歐盟角度來看區域一體化的優點

隨著歐盟的整合,在歐盟圈內實現了「人員、貨物、資本和服務自由流動」的理念。**簡單來說,就是從經濟的角度誕生了國家。**

學生 歐盟的出現引發了什麼效應呢？

整體而言,歐盟在經濟上取得了成功。**自 1990 年代以來,歐盟的經濟成長率一直都維持在 1～2％ 左右**。雖然歐盟的數字比美國低,卻仍高於幾乎零成長的日本。這都是因為歐盟的成立促進成員國之間的自由貿易,並透過共同市場和統一貨幣,有效提升了商品和服務的交易效率。

此外,歐洲原本就有許多小國,透過整合為歐盟之後,就可以與美國、中國等大國競爭。有了歐盟的龐大市場當後盾,在貿易談判中也能有更強的話語權。

人們可以在歐盟各國自由來去、自由地在這個範圍內的任一國家裡工作。因此,大家就可以選擇到經濟發展比較好、薪資比較高的德國工作。而且不僅商品更加流通,人民還能自由跨國選校就讀。選擇的範圍愈大,人們愈開心。

區域一體化也會導致經濟差距

但是，事情發展並非全都如此順利。**舉例來說，歐盟內部有經濟差距的問題**。有德國經濟繁榮的國家，也有東歐、希臘等經濟、財政情勢嚴峻的邊陲國家，兩者之間顯現出巨大的經濟差距。事實上，截至 2022 年為止，相較於德國的 5.3% 失業率，希臘的失業率已經超過 10%。

結果，**邊陲國家的移民開始湧入經濟繁榮、薪資高昂的德國**。特別是中東與非洲的移民與難民，為了逃離國內的紛爭，從 2010 年代開始到現在大量進入歐盟。時任德國總理梅克爾（Angela Dorothea Merkel）獨排眾議，接納許多移民與難民。德國境內的移民人數在 2022 年達到約 146 萬人的歷史新高，而截至 2021 年的德國人口中，就有 27.2%（2,230 萬人）是外國人或移民後裔。

從德國的角度來看，收容難民的好處是能以低廉的工資確保勞動人力，卻很容易因為不同的如語言或宗教的文化背景而引發摩擦。

例如，2016 年 6 月至 7 月間，德國慕尼黑（Munich）商場就頻頻傳出攻擊事件，而且多半是移民針對一般公民的暴力犯罪案件。也有報告指出，2016 年第一季約有 6 萬 9,000 起移民犯下的犯罪。因此也有不少人抨擊，廣納難民與移民反而造成治安惡化。

然而，要是限制接收持續增加的移民和難民，反而可能導致非法入境等全新的犯罪行為。事實上，實行驅逐難民的政策，反而顯示犯罪率急遽上升。如上所述，雖然歐盟的一體化讓人和物品可以自由流通，結果卻也讓移民和難民問題

成為一大挑戰。

除此之外，還有錢的問題。**經濟富裕的德國，其實提供了鉅額的補貼給貧窮的鄰國（總額約為每年 2 兆日圓）。**

若以日本為例，類似的問題就是「東京的過度集中化」。日本全國正往東京一地集中，聚集住民、物資的另一方面也產生城鄉差距。為了防止地方財政枯竭，日本中央政府將東京都徵收的稅金發放給地方作為補貼。可是東京都希望削減補貼金額，然而各地方縣市卻要求增加。

同樣地，德國國內有些人不滿於歐盟高昂的會費，並呼籲德國像英國一樣脫離歐盟。只要理解歐盟一體化的背後，其實還存在區域差距等問題，就能以更寬廣的角度去看待世界的脈動。

為什麼需要最適通貨區域？

學生 順帶一提，最適通貨區域是怎麼決定的呢？

哎呀！我明白了，原來這邊你不懂，現在就來說明。

首先，國家或區域要形成最適通貨區域，前提條件是彼此的經濟發展水準、經濟相互依存程度、社會文化習俗的慣習都要夠接近。簡單來說，以下幾點都很重要。

形成最適通貨區域的條件

- 經濟發展水準相近
- 經濟相互依存程度高
- 法規、社會風俗習慣雷同

就拿前面提到的日本例子來說，正因為日本 4 座島的整體經濟發展狀況和風俗習慣較類似，所以適用於單一貨幣的最適通貨區域概念（見圖 5-9）。

如果 4 座島的經濟發展狀況大不相同，要發展使用單一貨幣的共同經濟政策、刺激景氣的措施等，光想像就知道很難進行各種細部調整。這時，每座島國個別發行 4 種不同貨幣反而更加理想。

放眼全球，每個地區的經濟發展程度和文化背景都不一樣。**因此想要全世界成為單一通貨區、使用共同的貨幣、實施相同的經濟政策，實在太困難了**。

因此，每個國家或地區最好擁有各自的貨幣。如此一來，各國、各地區就可以選擇適合自己情況的自由貿易（或保護貿易）的程度、財政、貨幣政策和匯率。

為了緩解自由貿易和全球化造成的負面影響，不能說大家都期望世界成為全球單一通貨圈，**但倒不如說大家希望促**

圖 5-9　全球化現狀

| 最適通貨區域 A | 最適通貨區域 B | 最適通貨區域 C |

往每個國家或地區
擁有各自貨幣的方向發展

↓

抑制自由貿易和全球化
帶來的負面影響

進達成經濟相互依存緊密的地區，以建立符合各區域經濟環境實況的自由貿易機制。這可說是世界當前的現狀。

＼這裡的重點／

> 最適通貨區域的範圍會不斷擴大。以歐盟為例，原本主體是過往採行民主主義市場經濟政策的西歐國家，但隨著東歐各國由共產主義的計畫經濟體制轉型為民主主義的市場經濟體制，也慢慢實現了經濟成長。在這樣的過程中，歐盟也增加了成員國數量。

英國脫歐的代價：
經濟復甦緩慢

英國脫歐的決定正確嗎？

雖然存在以區域為單位推動自由貿易的趨勢，但是以小單位來看的話，就會發現**反全球化運動也影響了區域單位的自由貿易**。或許有不少讀者已經知道，典型例子就是英國在 2020 年脫離歐盟。

英國根據 2016 年的公投決定脫離歐盟，但是脫歐的負面影響從 2023 年開始就不斷顯現。許多人認為要是 2023 年再次舉行公投，支持脫歐的人不會超過一半。

話說回來，你能說說英國當初為何要脫離歐盟嗎？

學生 因為英國一直沒有像其他歐盟成員國一樣使用歐元，而是持續使用英鎊。所以我認為英國不是因為單一貨幣的關係而脫離歐盟。那麼英國為什麼要脫歐呢？

你說得對，他們的確使用自己的貨幣。雖然英國加入歐盟，卻沒有參與單一貨幣區。英國加入歐盟之後，獲益的部分主要是「人員、貨物、服務和資金」的自由流通。

英國在 1973 年加入歐洲共同體（European Community，歐盟的前身）。當時歐洲共同體的成員國大多是西歐國家。

東歐國家因為實行共產主義的計畫經濟體制，所以民營企業和個人是無法自由跨越國界的。

　　但是，東歐各國慢慢開始從共產主義的計畫經濟，轉向民主主義的市場經濟，到 2004 年之後，加入歐盟的東歐各國數量不斷增加。隨著「人員的自由流動」，英國也開始湧入東歐移民。

　　英國與德國都是歐洲最富有的國家。**由於英國勞工的薪資水準較高，所以移民的湧入導致勞動市場的競爭更為激烈，讓原本居住在英國的居民反而失業了**。除此之外，擁有不同文化和風俗習慣的移民逐漸增加，也導致社會動盪不安。

　　當時英國和德國同屬歐盟成員國內，需要負擔鉅額補貼金的國家，特別是援助經濟不穩定的東歐國家。因移民、補貼金為主的問題，導致英國民眾的不滿情緒也逐漸高漲。

　　許多英國人認為：「如果脫歐，就可以減少移民。」「如果脫歐，英國就再也不需要出錢補貼了。」所以 2016 年的公投結果決定脫歐，英國在 2020 年正式脫歐。

新冠疫情顯示的脫歐代價

　　脫歐後，英國不再受到歐盟規則的約束，可以獨立制定政策。一般認為可以因此解決「人員自由流動」的問題（＝解決移民問題）。

　　但是，限制移民並非全是好事。由於限制了「貨物、服務和資金」的自由流通，結果反而凸顯了負面影響。

　　譬如，**與其他歐盟各國執行進出口貿易時，就產生過去不用繳納的關稅**。英國倫敦原本是世界金融中心，各國的金融機構，包括日本的銀行在內，都在倫敦設立據點。金融街

車水馬龍，交易相當活躍，產生了經濟效益。

但是，隨著英國脫歐，無法在歐盟內部自由進行金融交易，因此外國金融機構只好離開倫敦金融中心，並且被迫遷往像德國法蘭克福（Frankfurt am Main）等歐洲其他據點。

此外，由於移民無法繼續留在英國，導致卡車司機的人數減少，反而對物流造成影響。因此，英國境內依賴移民的產業和企業，短期內都因為脫歐遭受不少負面衝擊。

截至 2024 年，歐盟仍是英國最大的貿易夥伴。但是，英國脫歐導致兩方在貿易、投資和人員流動方面出現障礙，可說是大幅危害了英國的經濟。

事實上，==截至 2023 年為止，英國是 7 大工業國組織[4] 中，唯一尚未恢復到新冠疫情前經濟規模的國家==。以 2022 年扣除物價波動影響的實際 GDP 來計算，英國的經濟規模只有 2 萬 2,306 億英鎊，仍然還沒恢復到新冠疫情前 2019 年的 2 萬 2,383 億英鎊。

為了應對脫歐之後形成的難題，英國開始在歐盟以外的地區，尋求自由貿易的組織架構，並決定加入 TPP，[5] 這個日本和其他國家都參與的自由貿易協定。

在反全球化浪潮中強行退出歐盟的英國，未來將會拿出什麼經濟成長成績呢？全世界都在觀察，也想知道這會對全球經濟產生什麼深遠影響。

4　譯註：Group of Seven，簡稱 G7。由世界 7 大已開發國家的經濟體組成，會定期討論和協調國際的重大經濟與政治問題。正式成員國包括美國、德國、英國、法國、日本、義大利、加拿大。其中，歐盟為非正式成員。

5　編按：英國於 2023 年 7 月 16 日正式簽署加入 CPTPP，前身是 TPP，並於 2024 年 12 月 15 日生效，成為第 12 個會員國。

威脅國家存亡的新問題
正在世界醞釀

在「經濟安全保障」的考量下，美中關係搖擺不定

到目前為止，我們已經聊了不少關於貿易的經濟優勢和劣勢。但是，近來大家在經濟領域關心的問題反而超越盈虧，而是落在可能危害國家安全的貿易領域問題上。

舉例來說，大家可能都知道美中近來在各領域都有衝突，且已經超出經濟範疇，升級為對國家安全威脅的討論。

保護國家和人民避免這種風險的概念就是「經濟安全保障」。**經濟安全保障是指國家為了維護和平、保障經濟利益，而採取以國家規模的經濟對策。**

學生 經濟對策到底有哪些呢？

為了逐步說明清楚，先來談談美中衝突吧！請看圖5-10。此圖記載了 2008 年以來美國貿易逆差的詳細數字。

雖然資料上沒有顯示，但 1990 年代前半，日本是美國最大的貿易逆差國。不過，從 1990 年代後半開始，隨著中國經濟成長，美國加速從中國進口商品。近年來，**中國已經成為美國的最大貿易逆差國**。

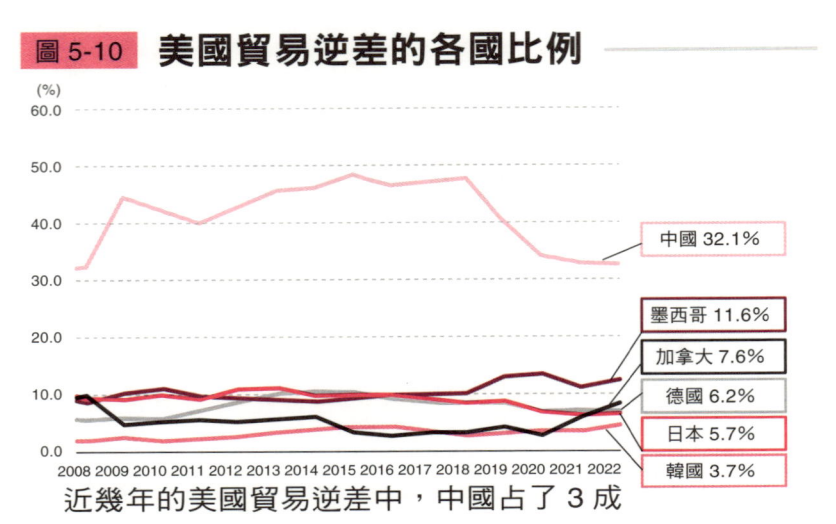

圖 5-10　美國貿易逆差的各國比例

中國 32.1%
墨西哥 11.6%
加拿大 7.6%
德國 6.2%
日本 5.7%
韓國 3.7%

近幾年的美國貿易逆差中，中國占了 3 成

資料來源：美國商務部經濟分析局（U.S. Bureau of Economic Analysis, BEA）

　　這表示廉價的中國產品在美國流通，美國自家企業生產的產品卻賣不出去。這個情況與美日汽車貿易摩擦的情況類似。而且，美國的失業問題也成為美中貿易摩擦的導火線。此外，**中國的影響力不僅限於低價商品在美國流通的貿易領域，在科學和軍事領域的影響力也增強**。例如，在宇宙開發領域，中國不僅自己建造了太空站，還在軍事上建造了大型的航空母艦，強化了國際存在感。

　　2018 年，美國時任總統川普（Donald John Trump）針對中國進口到美國的商品，採行了從第 1 輪到第 4 輪的加徵關稅，試圖遏止中國崛起。一開始是針對汽車、航太、航空、工業用機器人等產品的關稅上調 25％，後續逐漸擴大到液晶顯示器、智慧型手機、家電、家具等日常生活用品。當美國一提高關稅，中國為了對抗也隨之提高關稅，進而引發「中美貿易戰」。

學生 如果關稅提高，不是會對出口不利嗎？這也會連帶降低國內產業的利潤吧。

確實如此。但是這裡的貿易戰，和第 188 頁提到的美日貿易摩擦不同。**美中衝突的背景，很大程度是因為政治想法的差異太大**。

只要檢視政治決策制度就會發現，美國是民主國家，中國則是威權國家。所謂的威權國家，是指君主或獨裁者等個人或其周圍的一小群人，單憑自己的意願在政治上控制國家。

中國不僅抑制香港的民主化運動、加強統一台灣的力度，也面臨南海擴張、新疆維吾爾自治區的人權問題，更與重視民主的美國產生對立。過去，美國一直占據全球霸權角色，但是隨著中國經濟實力日益強大，開始挑戰現有的秩序。西方歐美國家已經開始對此產生共識，認為「貿易戰」就是美中衝突過程中會出現的問題之一。**美中衝突已經不再只是經濟問題，而是升級到威脅到美國霸權，並且讓西方歐美民主國家意識到國家安全開始備受威脅**。

呼籲他國對 IT 產業實施經濟政策

美國和中國都開始採取經濟措施，以確保自己的國家安全。其中，最容易理解的經濟措施，就是針對 IT 產業。

如果中國企業在 IT 產業取得主導地位，就可能透過中國製造的產品收集大量個人資訊，然後從中國企業轉移到中國政府手上，大大威脅國家安全（見圖 5-11）。

IT 產業的特色是，愈早推出產品愈有優勢。簡單說來，

就是「先來的人才能占便宜」理論。能夠比其他企業更早推出產品滲透市場，創造新的市場，就能愈容易獲取利益，比後來才進入市場的企業享受更有利的地位。

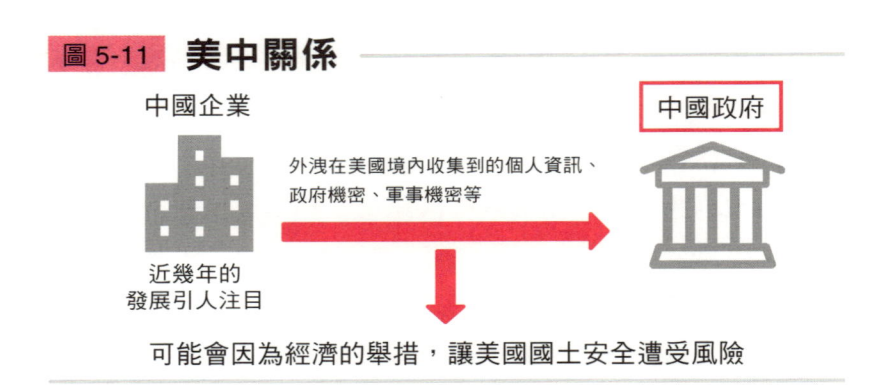

圖 5-11　美中關係

中國企業
近幾年的發展引人注目

外洩在美國境內收集到的個人資訊、政府機密、軍事機密等

中國政府

可能會因為經濟的舉措，讓美國國土安全遭受風險

　　像是被美國 Google 收購的 YouTube，之所以能在影像播放市場上確立優勢地位，是因為它比其他公司更早開拓同樣的市場。先行企業因此能夠享有先發優勢，自由地發展業務，不必擔心與競爭對手打價格戰或爭奪市場領地。

　　其他商品像智慧型手機「iPhone」、家用掃地機器人「Roomba」，多是首次打進市場，成為該類別代表的例子。

　　近年來，中國企業的發展相當令人矚目。如果這樣的企業成為全球標準，然後美國境內開始大量使用中國產品的話，會發生什麼事呢？

　　恐怕美國境內的個人資訊、政府的機密訊息，特別是軍事的機密情報，都會有流到中國政府的風險。這就像不用特別派間諜，只要透過產品就可以監視對方一樣。事實上，2021 年 3 月時就在日本發生過「LINE 資料外洩事件」，發現外包公司的中國籍員工可以瀏覽存取用戶的個人資料。

2022年11月，美國宣布禁止進口和銷售包括中國電信設備龍頭「華為」、「中興」等5家公司的電信設備和監視攝影機。此外，美國也禁止在手機上使用由中國字節跳動有限公司（ByteDance）開發的社交網路應用程式「TikTok」。美國看似正在大刀闊斧將中國IT產品和軟體排除在美國境外。

要不要使用TikTok，基本上是風險自負。但是用戶們必須知道的是，使用時有風險，可能會將個人資料提供給中國企業。這是因為中國有《國家情報法》的法律，**要求中國企業必須遵守規定，將資料提供給中國政府**。

基於這些理由，美國正在透過限制使用中國產品，來保護國家和人民的安全。此外，半導體和電動車的電池、電池原材料的重要關鍵礦物，可能會從民用轉為軍用。這也造成美中兩國互相牽制，設下限制來彼此施壓。

美中衝突的下一步將如何發展？

在全球化持續發展的國際環境中，供應鏈也出現國際分化，使得各國之間的經濟相互依存更為深化。在這樣的國際經濟環境底下，有一派觀點認為因為國家間的衝突發展為國際紛爭最後，對雙方都會造成龐大的損失，所以不會產生嚴重激化的衝突。

但是如今的美中貿易摩擦已經讓各國發現：在經濟上過度依賴其他國家（特別是敵對國家），可能會威脅到自己的國家安全。

安全保障的疑慮之所以會蔓延至經濟問題的背景，是因為大家發現**半導體除了可以使用在汽車、家電、遊戲機等一**

般家庭上，也同時是軍事技術開發上的重要關鍵。這讓民間經濟活動與軍事力量增強兩者之間的界線愈來愈模糊。此外，為了確保對經濟極其重要的能源（能源安全保障）或對生活不可或缺的糧食（糧食安全保障）的領域，也擴大了經濟安全保障的對立。

正如前面提到的，民主主義的美國和專制主義的中國，兩國的決策制度完全迥異。因此，如果說1990年代美國與日本的經濟衝突導火線是貿易糾紛，如今的美中衝突根源則更為深層複雜。

隨著人口增加、創新趨勢增強，美國經濟中長期可望保持一定的活力。雖然種族衝突和非法移民的快速增長，造成美國國內出現明顯的政治分歧，但是民主制度的運作便足以讓美國克服這些問題。

但人口減少和政治自由度較低，導致中國中長期出現過往的顯著發展的可能性較低。事實上，中國政府已公布，截至2022年底，中國總人口預計為14億1,175萬人，比前一年減少了85萬人，這是61年來中國人口首次出現減少。

此外，在毫無政治自由的中國裡，有才華的年輕人能否發揮還是未知數。長遠看來，考慮到這些因素的話，美中之間的霸權鬥爭很可能以對美國有利的方式結束。

中國經濟發展，對日本的安全保障有利

另一方面，身為日本鄰居的中國，其經濟發展帶動日本的出口成長。根據日本財務省的貿易統計數據顯示，2022年的日本貿易夥伴國中，中國就占了總出口額的19.4％。雖然

比前一年下降 2.3％，但自 2020 年起已經超過美國，並連續 3 年保持第一。

中國經濟發展、國家穩定，對日本的國家安全也更為有利。因為一旦中國的經濟無法穩定發展，就會增加東亞的地緣政治風險。中國領導人受到愛國主義鼓舞，容易將國內經濟問題的不滿指向國外。這個矛頭指向的就是台灣與日本。只要中國的反日情緒高漲，日本將會被迫增加國防預算，來抗衡中國日益增強的軍事實力。這場軍備競賽將會對兩國的經濟造成負擔。日中兩國至今在經濟上仍互相依存，而且不斷發展、壯大。未來，日本若能協助鄰國中國的經濟發展，不僅有利於提升日本的經濟成長，也有助於降低東亞的地緣政治風險。

對日本來說，重要的是要與中國等鄰國建立相互依存的經濟關係，並共創能從全球化和自由貿易中獲益的雙贏關係。

6st period

第 6 堂課

從經濟學看戰爭

從經濟學角度看戰爭，就有新見解

人類歷史就是一連串的戰爭與衝突

戰爭是發生國家之間使用武裝力量爭奪領土的衝突。大家知道戰爭中會使用飛彈、坦克等武器，來攻擊敵對國家的士兵和設施，並企圖奪取領土。這會大大影響雙方國民。

另一方面，**戰爭與經濟也息息相關**，像發動戰爭前，如何籌措加強軍事力量所需的資金？還有戰爭爆發，發生不幸事件（人員傷亡和物質損失）背後，是誰拿到好處？透過深入探討戰爭的機制及其利弊得失，才能了解戰爭的本質。

大家在學校裡學到的戰爭，可能大多介紹在過去歷史洪流中，A 國曾經和 B 國打仗，最後 A 國打贏的表面內容。而且，包括我在內多數讀者應該都沒有經歷過真正的戰爭，所以很難想像戰爭跟自己有關。

人類的歷史就是一連串的戰爭與衝突。即使文明和科技不斷發展、國際普遍認同人道主義的此時此刻，世界的某些角落仍然紛爭不斷、戰事不休。

2022 年俄羅斯（Russian）入侵烏克蘭（Ukraine）；2023 年在加薩走廊（the Gaza Strip），爆發以色列（State of Israel）與哈馬斯組織（Hamas）的戰爭。第 6 堂課，我要帶大家從總體經濟學的角度一窺戰爭的另一面，深刻理解世界

機制如何運作。

過去戰爭是為了贏得領土與賠款

說起戰爭，我們就會想到戰爭會破壞住宅、道路等基礎設施，也會造成人員傷亡，對我們來說，戰爭帶來的全都是負面的影響。

然而，現實是如果只考慮經濟，發生戰爭的影響不一定全都是負面的。特別是在過去戰爭中，贏得勝利的一方多半可以獲得許多經濟利益。

> **打勝仗的好處（過去）**
> - 鉅額的賠款
> - 從敵國取得殖民地

透過贏得戰爭，戰勝國能夠獲得戰敗國的部分領土作為殖民地，而且能獲得賠款。

舉例來說，日本在歷史上曾經是獲得領土和賠款的戰勝國。甲午戰爭（1894～1895年）期間，日本除了取得台灣這塊領土，還獲得2億兩的賠款。這筆鉅款相當於現在的3億日圓，大約是當時日本國家預算的4倍。

在日俄戰爭（1904～1905）期間，日本取得俄羅斯領土的庫頁島（Sakhalin Island）南部，以及中國東北旅順、大連的鐵路權。然而，日俄戰爭結束後，因為日本沒有獲得俄國的賠款，導致民眾不滿情緒爆發，進而引發日比谷襲擊、縱火事件。反過來說，在當時時代底下，人們相信贏得戰爭可

以得到賠款。

另一方面，呈現大規模喪失領土和賠款的例子，則是輸掉 1918 年第一次世界大戰的德國。

德國打敗仗後，失去了 13%的領土和 1/10 的人口。被編入德國 40 年以上、位於德國西部的亞爾薩斯－洛林（Alsace-Lorraine）地區歸還法國，還失去了殖民地包括：比利時（Belgium）、立陶宛（Lithuania）、丹麥（Denmark）、波蘭（Poland）、捷克（Czech）。

除此之外，**德國的賠款總額高達 1,320 億金馬克（相當於現在的 200 兆日圓左右），這筆金額在當時等同於德國數 10 年的國家預算**（後來在 1932 年縮減為 30 億金馬克）。令人驚訝的是，這筆賠款從第二次世界大戰結束後，德國總共付了 92 年，直到 2010 年才全部付完。

無論如何，國際社會都承認：過去打贏戰爭可以獲得賠款、殖民地等好處。

為什麼要打仗？
侵略國的企圖與現實差距

想要長期控制，就要先投資

過去發動戰爭的目的之一是從入侵的土地獲利。有以下幾種不同的方法。

> **從入侵土地奪取利潤的方法**
>
> ① 掠奪土地，將所有財富奪走，拿回國家
> ② 侵占土地，透過長期控制土地，獲取財富

學生 ① 滿好理解的，但是我不是很懂 ②。

讓我稍微解釋吧！② 是指持續該地區經濟活動。如果想要藉由控制土地獲得長期的利潤，更有效的做法是投資基礎設施、教育來促進經濟發展，並因此獲得部分利潤。

13 世紀成吉思汗統治下的蒙古帝國就是很好的例子。蒙古帝國在擴張的領土上，確保了東西方貿易路線的安全，讓人員和貨物能夠更頻繁往來流通。蒙古帝國廢除占領的歐亞大陸（Eurasia）廣大領土內的關稅等管制，推行自由貿易。**蒙古帝國維持連接東西方世界貿易路線的穩定，因此獲得了巨大的財富**。而且，這也導致歐洲和亞洲之間經濟和文

化的頻繁交流，大大影響了後來的世界經濟全球化。

違反國際倫理的殖民地化與賠款

但是，現在事情卻有所改變。

學生 我記得以前在學校教過「殖民地」和「賠款」這兩個詞彙，但最近好像不太會在新聞中聽到。

沒錯。日本雖然在第二次世界大戰中戰敗，卻沒有支付賠款給交戰國的美國、中國、韓國（Korea）等同盟國（但是有賠款給菲律賓〔Philippines〕、越南〔Vietnam〕、緬甸〔Myanmar 或 Burma〕和印尼〔Indonesia〕這 4 國）。事實上，作為戰勝國的美國還援助日本，為戰後重建做出了貢獻。**這是因為要求支付賠款、分割殖民地，都可能會威脅到國際的穩定與和平**。如今，每當戰爭結束，戰勝國都會透過國際會議與戰敗國簽署和平條約，防止未來再次發生戰爭。

＼ 這裡的**重點** ／

> 事實上目前仍有占領他國領土的事件，但不是打著侵略戰爭的名義，而是秉持讓當地居民透過公投來獨立的理由。2014 年，烏克蘭克里米亞半島的俄羅斯族突然宣布獨立，建立「克里米亞共和國」（Crimea）。俄羅斯隔天就予以併吞，並一直控制至今。

資源與戰爭的悲慘關係

目前，戰爭的唯一經濟利益就是取得自然資源。近幾年，為了爭奪石油、礦產、糧食、水等具戰略意義的重要資源，各國爭鬥不休的情況早就屢見不鮮。

例如，1996年在盛產黃金、銅、錫等資源的剛果（RDC）爆發戰爭；1983～2005年在蘇丹（Sudan）因爭奪石油資源而引發內戰；1990年伊拉克（Iraq）入侵科威特（Kuwait）並牽動波斯灣戰爭（Gulf War），據說這場戰爭也是因為前伊拉克總統海珊（Saddam Hussein）企圖奪取石油利益才發生的。

自然資源是戰爭和衝突的導火線。要是提及與日本有關的問題，就屬釣魚臺列嶼（Diaoyutai Islets）涉及到自然資源。

釣魚臺列嶼是位於東中國海（East China Sea）的一組島嶼，它原為無人島，日本在1895年劃為領土。（台灣情況請見附錄6-1）事實上，日本將其視為領土並予以控制，後來發現，這組島群上蘊藏豐富的石油和天然氣等天然資源。

根據1994年日本經濟產業省石油審議會的公告可知，釣魚臺列嶼海域的原油儲量估計約為32.6億桶。因為靠近重要航道且漁場豐富，中國自1970年代起也開始宣稱擁有該地區的主權，導致日本和中國之間至今仍持續著領土糾紛。即使至今天然資源成為各國爭奪領土理由的情況並不罕見。

話說回來，**如今就算發動戰爭並贏得勝利，也不見得會獲得任何賠款或擴大領土等經濟利益**。事實上，發動戰爭反而有更多負面影響。

圖 6-1　戰爭帶來的好處

過去

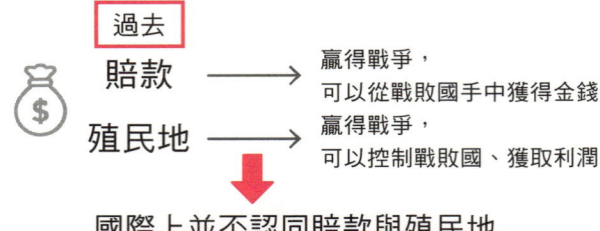

賠款 ⟶ 贏得戰爭，可以從戰敗國手中獲得金錢

殖民地 ⟶ 贏得戰爭，可以控制戰敗國、獲取利潤

<u>國際上並不認同賠款與殖民地</u>

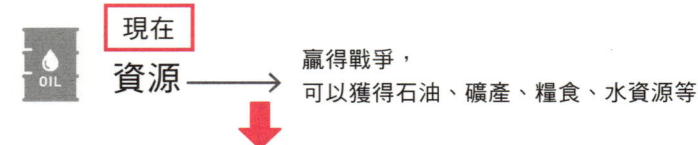

現在

資源 ⟶ 贏得戰爭，可以獲得石油、礦產、糧食、水資源等

<u>掌握經濟活動所需的資源，能為國家帶來龐大的利益</u>

戰爭對經濟產生的負面影響

- 購買武器需要成本
- 戰爭傷亡導致人口減少
- GDP 因此下降

　　從時間軸來看，戰爭對經濟造成的負面影響：短期內會產生購買武器的成本，中長期則因為戰爭大量傷亡導致人口減少，進而減少勞動力，所以也會導致 GDP 下降。

　　即使打贏了戰爭，也很可能被要求協助對方國家的重建，但是自己國家戰後也需要相當多的時間和金錢來復甦，所以仍然吃力不討好。戰爭的各方不斷互相破壞，因此不能說是有生產力的行為。事實上，戰爭對經濟產生的巨大負面衝擊，已經證實與地震、颱風等重大天災是相同等級。

舉例來說，1923年的關東大地震所造成的損失，東京都政府估計大約是52億7,500萬日圓，日本內閣府則估計為55億日圓以上，相當於當時的國民生產毛額（Gross National Product, GNP）的35.4％～37％。而2011年東日本大地震造成的損失，約占GDP的3％，兩相比較關東大地震的破壞力顯然比東日本大地震更為驚人。

　　相較之下，發生戰爭付出的成本和損失可能比自然災害大上許多。

　　從中國抗日戰爭到第二次世界大戰結束，這8年間日本所付出的戰爭成本，以今天的貨幣價值計算，相當於300兆日圓。這場戰爭造成的國家財政損失（＝國民總資產扣除負債後的餘額）為653億日圓，換算成現在的幣值大約是800兆日圓。

戰爭中的周邊國家，
容易產生經濟效益

哪些國家因烏俄戰爭而獲利？

目前為止只談論了發生戰爭的國家，我們如果將討論範圍擴大到周邊鄰國的話，其實戰爭不一定只會帶來壞處。這是因為戰爭對周邊國家帶來的經濟影響是最正面的。

學生 ……那麼，有哪些國家從烏俄戰爭中獲利呢？

烏俄戰爭當然帶給烏克蘭沉重的負擔，入侵的俄羅斯也大幅損失人員和物質。相對於此，**獲得利益的……其實是美國的軍事產業**。美國以龐大的預算，製造武器後提供給烏克蘭，軍事產業因此獲利甚豐。根據美國聯邦準備理事會（Federal Reserve Board of Governors, FRB）的統計，美國礦工業生產自2022年起，國防和航空、航太產業的生產量於2年間增加了17.5%。其中有不少來自歐洲各國的訂單，可見各國出於俄羅斯的威脅都想加強自身軍事實力。

此外，歐盟國家也因為援助烏克蘭，**導致鄰國的保加利亞（Bulgaria）軍火工廠滿載運轉，掀起戰爭的特需景氣**。

所謂的「戰爭特需景氣」，是指發生戰事的周遭國家突然增加需求、出口增加，進而振興經濟。換句話說，也就是

因為發生戰爭，刺激了鄰國的經濟成長。

根據法國新聞社（Agence France-Presse, AFP）的報導，保加利亞在 2022 年的軍事出口額達到 40 億歐元，是俄羅斯入侵烏克蘭前的 3 倍。

保加利亞是歐盟中最貧窮的國家之一，不過因為發生烏俄戰爭後，彈藥廠人手短缺，據說許多年輕勞工都從國外回來尋找工作。

過去的歷史已明言，每當爆發戰爭，周遭鄰國就會出現戰爭的特殊需求景氣（特需景氣）。

1950 年韓戰（Korean War）爆發後，日本曾發生稱為「朝鮮特需」的階段。韓戰是 1950～1953 年間發生在朝鮮半島上的戰爭。導火線始於北韓入侵南韓，並試圖跨越邊境。

雖然戰爭發生在鄰國，但是日本擔任支援在韓美軍採購軍事物資、生活必需品的角色，非常重要。

日本企業接到美國軍方的大量訂單，從毛毯、卡車、鋼鐵到其他戰爭物資都有，因此出口量迅速增加。這也是許多日本企業能重新復甦的契機。

據估計，截至 1955 年，因特需景氣而產生的資金總額約為 36 億美元，大約當時的 1.3 兆日圓。日本 1950 年的 GDP 也不過落在 8 兆日圓，可見特需景氣造成的效益多麼驚人。

當時，日本剛在第二次世界大戰中戰敗，國力相當衰弱。但是，韓戰引發的特殊需求，讓日本獲得了強大的經濟復甦動力。因此，日本之所以能夠擺脫戰後的混亂，步入真正的經濟快速成長期，朝鮮特需功不可沒。

此外，1960 年代開始的越南戰爭（Vietnam War），也在日本和其他亞洲國家等廣泛地區造成特需景氣。

越戰是美國與北越之間的戰爭，從1955年打到1975年，總共持續了約20年。在這場戰爭中，各國都獲得了經濟利益。韓國為美國和聯合國部隊採購物資；台灣向南越出口產品；新加坡則出口石油製品；泰國、菲律賓、香港等國家也都建立美軍基地，發展出為休假士兵設計的觀光旅遊產業。

　　東南亞國家因為越戰產生的特殊需求而受益匪淺。雖然越戰帶來的特需景氣在日本的規模不如韓戰時期般繁榮，但也確實多少支持了日本的經濟高成長。

　　一旦發生戰爭，鄰近周邊國家就會出現戰爭特殊需求景氣。如果能用這樣的角度，觀察未來爆發戰爭時周遭哪些國家因特需景氣而獲利，或許能有新的發現。

觀察公債，預測戰爭走向

戰爭與公債為什麼密不可分？

戰爭是必須避免的悲劇。但是，如果真的爆發戰爭，應該多數人還是會關心接下來該何去何從，該如何生存下去吧。我們不妨就在此討論這個問題吧！

學生 這是不是表示可以從總體經濟學的角度來預測戰爭的走向？

我不太確定是否能夠說得這麼肯定，但是公債利率是參考指標之一。

前面曾提到，公債是國家的債務。發生戰爭時，往往必須發行公債。

為什麼爆發戰爭會需要公債呢？首先，**國家即將發動戰爭會突然需要大量資金**（見圖 6-2）。因為打仗需要購買武器、增加軍需品等戰爭成本。而且，很難預估需要多少資金，畢竟一旦開戰，就不知道什麼時候會結束。

在這樣的情況下，國家很難為了發動戰爭而大幅增稅，不然會引起國民的強烈反彈。因此，國家會以發行公債的形式來籌錢，並利用這些資金來支付戰爭的費用。

圖 6-2　戰爭與公債的關係

> **打仗要花許多錢**
> 購買武器、軍需品等，需要花費一筆成本，
> 但是很難透過大幅向國民徵稅來取得資金，不然會引起國民反彈

⬇

因此，國家會發行公債

---

300 年前就有公債

歷史上首度透過發行公債籌集戰爭資金的國家是英國。1694 年，英國和法國為爭奪歐洲大陸和其他地區的殖民地，爆發第二次百年戰爭（Second Hundred Years' War）。此時，英國發展出透過公債為戰爭籌集資金的方法。

發行公債時，需要招募願意借錢給國家的人（＝投資者）。為了承擔承銷角色，英國成立了名為英格蘭銀行（Bank of England）的金融機構，負責承銷政府公債。

英國透過發行低利率的政府公債籌集資金，支付戰爭費用，打了持續將近 100 年的長期戰爭。另一方面，敵對的法國只能發行高利率的公債。有一派的說法認為，這種信用的差異決定了戰爭的結果。

從此，發行公債就成為世界各地籌集戰爭資金的一般方式，**後來就確立國家在戰爭等非常時期借錢，在戰後和平時期一點一點償還給投資者的方法。**

從公債利率決定戰勝方

這邊我再重複說明，公債是國家的債務。對借錢的投資者來說，當然會希望國家還錢時，除了還本金還能多還一點利息。

但是如果國家輸掉戰爭，無法償還公債的風險就會增加（＝違約）。一旦風險愈高，政府公債的利率就會跟著提升。因為不這樣做的話，投資者就不會購買。

正如第2堂課學到的，所謂的利率是由市場的供需平衡決定的。**如果有很多人想購買政府公債，政府就能以更優惠的條件發行，從而降低利率**。相反地，如果願意購買公債的人很少，發行條件就會對政府不利，導致公債利率上升。

將這個概念應用到戰爭的話，只要愈多人看好某國會獲勝，該國就能以更優惠的條件發行公債，利率也會比較低；相反地，若是愈多人預期某國家會打輸，該國發行的公債利率就會愈高。也就是說，**公債利率較低的國家能夠以更優惠的條件發行政府公債、更容易籌集到戰爭所需的資金，也就比較有機會贏得戰爭**。

順帶一提，日本也曾經在1904年發行公債，用以支付日俄戰爭的費用。

日本在明治維新（1860～1880年）之後，雖然經濟發展，但無法在國內籌集到鉅額的戰爭資金。因此，必須透過發行海外公債來籌錢。

當時承銷公債的是英國和美國的投資銀行。不限於日本國內，還在倫敦和紐約發行公債來籌集戰爭費用。

圖 6-3　公債利率與戰爭勝敗

A 國	⚔	B 國
公債利率低		公債利率高
↓		↓
看好打勝仗的人多		看好打勝仗的人少

以更優惠的條件發行公債,就能順利募集到戰爭所需的資金,
公債利率較低的國家,贏得戰爭的機率比較高

然而,日俄戰爭的對手俄羅斯是泱泱大國。以歐洲國家為主的投資者不看好日本能打贏這場戰爭,因此難以優惠的條件發行公債,籌得所需的資金。

但是,日本政治家高橋是清前往英國為公債籌款奔走時,有位猶太銀行家想反制過去曾迫害猶太人的俄羅斯,而購買了大量的日本公債,日本因此成功借到大量資金。

後來,當日本在重大軍事行動「鴨綠江會戰」成功打敗俄軍後,世界對日本的看法開始改觀。日本在英美發行的公債變得十分搶手,申購的數量超乎預期好幾倍。甚至在發行公債的銀行前,排隊人潮湧現長達數十公尺,非常受歡迎。

日本因此能夠以公債支付日俄戰爭所需的 78% 軍費。日本政府用這些資金購買武器,成功提升軍事實力,最後打敗了強國俄羅斯。

> **公債利率與戰爭的關係**
>
> 公債利率較低……打勝仗的機率較高
> 公債利率較高……打敗仗的機率較高

　　戰爭期間發行的政府公債利率，是市場評估國家是否能夠贏得戰爭的指標之一。

　　大家記住政府公債利率是判斷戰爭走向的指標之一，也不會損失吧。

靠重建來開闢戰後的
經濟發展之路

戰爭的破壞行為也可以創造經濟利益

我們討論了戰爭前、戰爭時的情況，現在從總體經濟學的角度考慮戰爭後的重建吧！

就像前面提到的，戰爭本身會造成基礎設施受損，造成大量的人員傷亡，捲進戰事的各國也會遭受龐大的經濟損失。

事實上，資料顯示 2022 年俄羅斯入侵烏克蘭之後，對兩國都造成相當嚴重的耗損。

根據烏克蘭國家統計局（State Statistics Committee of Ukraine）的紀錄，2022 年烏克蘭的實質 GDP 成長率是 1991 年以來最低，只有 -29.1％。另一方面，俄羅斯也因美國和歐洲等的經濟制裁（禁止進口俄羅斯天然氣和石油），2022 年的實質 GDP 成長率只有 -2.1％。

戰爭本身就是破壞行為，理所當然對戰爭雙方都造成巨大損失。

另一方面，如果純粹以總體經濟學的角度來看，戰後重建卻會為戰爭行為帶來連帶的好處。

突然岔題問大家：大家上次更換智慧型手機是什麼時候呢？

學生 我是在手機完全壞掉的時候，換了新手機。

果然是這樣沒錯！如果手機壞了，或是電池完全充不了電而無法開機，一般都會改買新手機吧。修理壞掉的智慧型手機可能會花很多錢，而且即使修好了，手機規格也不會大幅提升。因此手機壞掉時，去購買最新規格的新手機才能獲得最高的滿意度。

事實上，戰後重建也是一樣的道理。發生戰事時，不管是建築物、道路、自來水和污水處理系統等基礎設施，都會遭到嚴重的破壞，戰敗國的情況更是如此。**戰爭結束後，與其將街道恢復成原本的城市景觀，不如趁機改善道路、重建美麗街景，打造出嶄新的城市。因此，戰爭反而成為經濟發展的新契機**。如果沒有機會重新設置基礎設施，就會長期保有老舊的城鎮格局，未來可能反而會變成長期經濟發展的阻礙。

我這樣舉例，大家可能比較容易理解：就像發生大地震、火災、海嘯後，舊有街道遭到破壞，就可以趁機重建更抗震的城市。戰後的重建可視為重新設置基礎建設的機會，能從頭開始規畫、重新出發，為經濟發展開闢出全新的道路。

事實上，東京大學的澤田康幸教授，曾經在2011年發表一項名為《世界各國自然災害和戰爭對經濟影響的實證分析研究》（世界各國での自然災害や戰爭の經濟の影響を實証分析した研究）。他發現長期看來，自然災害和戰爭反而可以促進人均GDP的成長率。也就是說，自然災害與戰爭往往會成為長期推動全新基礎設施建設與產業發展的契機，進一步提升人均GDP。

因戰爭而生的日本企業

就「靠戰爭而開展新頁」的意義上來說，不只發生在國家的基礎建設上，企業也同樣可以重新開始。

以日本為例，在第二次世界大戰前，三菱、住友、三井、安田這4大財閥掌握日本經濟之牛耳地位。所謂的財閥是指富裕的家族獨占出資，壟斷日本經濟的大型商業集團。

1945年，日本在第二次世界大戰中戰敗後，戰勝國美國就將財閥解散了。因為，財閥曾為日本軍隊建造軍艦、提供石油給軍隊，與日本的軍事力量緊密連結，美國為了避免日本再次成為軍事國家，所以將財閥解散了。

財閥被解散之後，原先由他們所主導的行業出現空間，形成各式各樣新公司同時競爭、成長的新環境。許多新興的中小企業加入新領域，像是本田技研工業（Honda）、索尼（SONY）等推動日本戰後經濟發展的公司，也就是在競爭真空中誕生的。

因此，一次性徹底打破並重新開展舊有的產業結構，反而振興了日本的經濟。

金本位制與昭和經濟危機，引爆美日戰爭

日本向美國開戰的經濟理由是什麼？

學生 思考戰事的原因時，我其實不懂日本為什麼要參與第二次世界大戰。因為明明就知道打這場仗必輸無疑⋯⋯日本會參戰是不是和經濟有關係呢？

你提出了好問題呢！據說日本在 1941 年之所以會加入第二次世界大戰的理由，跟當時的經濟狀況和背後的財政金融政策非常有關。

具體來說，**主因就是 1930 年代稱為「金本位制」的財政貨幣政策，以及隨之而來的「昭和經濟危機」**。

> **日本參加第二次世界大戰的經濟背景**
> - 金本位制：以黃金作為貨幣價值標準的制度
> - 昭和經濟危機：1930～1932 年間日本嚴重的經濟衰退

「金本位制」是指把黃金當成貨幣標準的制度。中央銀行保證發行的貨幣（紙幣）價值，與一定數量的黃金價值相等，民眾可以依照決定好的固定匯率自由相互兌換。

學生 這個有點難，我不太懂……

不妨想像還沒有貨幣的時代吧！那時大家都是透過以物易物的方式來交易（見圖 6-4）。

當時並沒有統一貨幣，所以 A 村可能以貝殼為貨幣，B 村則以布當貨幣。因此，如果要買 1 公斤的米，在 A 村要用 10 個貝殼來交換，到了 B 村則需要用 10 匹布來交換。**就算購買同一種商品，在 A 村和 B 村卻要用不同的東西交換。**

大家覺得這樣交易很不方便，所以才把誰都能認同的「黃金」當成基準，這就是金本位制的起源。不論在世界的哪個角落、不管是購買鑽石還是絲綢，只要擁有大家認同的黃金，就可以進行交易。

圖 6-4　金本位制的示意圖

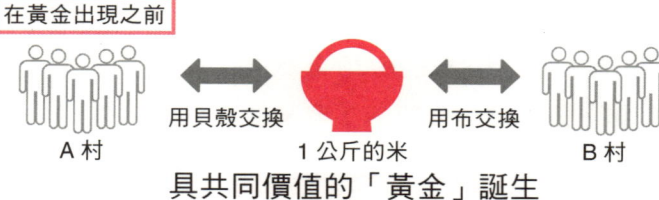

在黃金出現之前

A 村　←用貝殼交換→　1 公斤的米　←用布交換→　B 村

具共同價值的「黃金」誕生

↓

但因「黃金」太重了，因此催生出替代的「貨幣」

但是，黃金非常重。**每次交易都要帶上大量黃金非常麻煩**。因此，取代黃金登場的就是貨幣（＝紙鈔）。如果 X 貨幣的價值等同於 1 公斤的黃金、Y 貨幣的價值等同於 5 公斤的黃金、Z 貨幣的價值等同於 10 公斤的黃金，只要發行不同

> **再多知道一點!**
>
> 貨幣之所以能夠成為黃金的替代物,前提是要保證能夠以固定的匯率與黃金進行兌換,而且國庫中還必須擁有足夠的黃金,保證能夠兌換所有在市場中流動的貨幣。

的貨幣,人們就會更方便攜帶。

如上的脈絡所述,貨幣以黃金為基礎,建立起金本位制。

金本位制的回歸與突發事件

大家現在理解了金本位制的運作方式,我就可以進一步解釋日本發動戰爭的經濟背景。

1917 年,日本因第一次世界大戰而禁止出口黃金,因此金本位制無法發揮作用。不過到了 1930 年 1 月,日本財務大臣井上準之助恢復了金本位制。

日本恢復金本位制,是為了提高國際競爭力。透過保證貨幣與黃金的交換匯率,進而固定外幣與日圓的匯率。

學生 由於美元和日圓都是以黃金為基準來衡量的,所以美元和日圓之間的匯率也會保持不變,是這樣嗎?

沒錯,就是如此!當時有不少國家都改為採用固定匯率制。就像前面提過的,這個制度的好處是可以更加順暢地進行貿

易活動。解除黃金出口禁令，有利於穩定外匯匯率、增加出口。

另外，當時日本剛經歷第一次世界大戰，很多公司仰賴政府的補貼而生存。這表示日本的經濟其實並非真正足夠強健。社會上希望政府能整頓鉅額債務或持續虧損而瀕臨破產的公司，也希望讓日本企業面對國際競爭。就算這樣做相當痛苦，但政府也希望強大日本經濟，所以恢復了金本位制。

導入金本位制後發生的問題

雖然如此，但是導入金本位制之後，日本經濟卻陷入衰退。原因就在於導入金本位制的方法。

如同前面提到的，金本位制將日圓價值與黃金價值結合。這個將日元與黃金相互換算的固定比率稱為「金平價」（Gold Parity）。

當時「金平價」有兩種選擇。其一是舊的金平價，也就是黃金出口禁令解除前的匯率：100 日圓 = 49.85 美元；其二則是新的金平價，即當時的匯率：100 日圓 = 46.5 美元。

當時的財務大臣井上準之助採用的是舊的金平價。但是，舊的金平價與當時的經濟現況不符，採用新的金平價，才能符合當時的經濟現實。

日本考量到不想日圓的國際信用降低，所以採用舊的金平價（黃金出口禁令解除前的匯率）。但是，這個決定卻導致日圓升值，對出口產生不利的影響。

學生 因為舊的金平價讓日圓的價值被低估，所以日圓變得很受歡迎吧！

對,就是這樣。日圓升值時,美元對日圓會貶值,因此反而不利以美元收款的出口業者,反倒是對以美元交易的進口業者有優勢。

由於情勢對進口業者比較有利,以美元支付的進口款項便逐漸增加,導致與貨幣同等價值的黃金從日本流出。

問題就在這裡!日本國庫儲備的黃金數量極為有限。在金本位制度下,國家能發行多少貨幣,全都受到該國持有的黃金數量所限。因為貨幣是黃金的替代品,所以沒有更多黃金,就不能發行更多貨幣。

在金本位制的基礎下,黃金流至國外的話,日本可發行的貨幣數量就會減少。這就等同於實行通貨緊縮政策,進而導致經濟衰退。

然而,井上準之助卻決心面對景氣變差的後果。如前所述,他認為可能破產的公司會因不景氣倒閉,強大的公司則能夠存活。結果長遠來看,日本的經濟環境將變得更健康,才能培養國際競爭力。此外,緊縮財政(這時的情況是黃金流出)還有機會消減為對抗中國戰爭而不斷膨脹的軍事預算。當時,井上推行的財政貨幣政策,也就是導入金本位制,在經濟學家間頗受好評。

經濟大恐慌後,情況更糟糕

但是,偏偏這個世界上總是會發生意外。那就是 1929 年 10 月開始的經濟大恐慌。

經濟大恐慌出現的原因是紐約證券交易所股票價格暴跌。美國的失業率甚至創下 25% 的紀錄,遠高於 2008 年雷

曼兄弟破產事件和 2020 年新冠疫情所導致的失業率。

　　日本則深受「經濟大恐慌」和「以舊金平價引入金本位制」的影響，發生稱之為「昭和經濟危機」（1930～1932 年）的嚴重經濟衰退。不僅出口到美國的生絲（raw silk）大幅減少，也因為經濟衰退，導致米的需求量減少而價格下跌。特別是農村地區的情況最為嚴重，東北地區、北海道地區還因為惡劣天氣導致農作物歉收。

　　當時日本東北地區的貧困家庭，甚至為了生活賣掉自己的孩子，導致非法人口販賣相當猖獗。不難想像當時的處境有多艱難。

　　日本國內的慘況，最終成為引爆太平洋戰爭（Pacific War）的原因。日本農村貧困、國家內部資源匱乏，反觀中國和東南亞卻擁有豐富的自然資源。因此出現**把農村過剩的人口派往中國和東南亞，並藉此發動軍事侵略**的想法。當時這樣的想法蔚為主流。

\ 這裡的 **重點** /

> 1931 年 12 月，當時的財務大臣高橋是清再次宣布禁止黃金出口，放棄金本位制，改採行由國家管控貨幣發行量的管理貨幣制度。這項措施讓貶值的日圓對美元的匯率較符合當時的經濟情況，刺激出口。同時，政府也發行公債，增加軍事與公共工程的費用，實行振興景氣的政策。日本因此成功擺脫昭和經濟危機，卻也因積極的財政政策而為未來的軍事擴張埋下伏筆。

明知道會輸，為什麼仍繼續挺進戰事？

為什麼勝算這麼低，日本還是參戰？

學生 我懂了。所以日本會參戰，背後的主因是經濟蕭條和貧窮。但日本為什麼向美國宣戰呢？我認為日美兩國的國力差異很大。

你說得沒錯。日本和美國的國力差距非常多。為什麼日本要打這場勝算不大的仗？關於此點，一般來說有 2 種理論可以解釋。

> **日本參戰的理由**
>
> - 權力轉移理論（power transition theory）
> - 展望理論（prospect theory）

其一是「權力轉移理論」。這是國際政治理論之一，當國家之間的權力平衡突然改變或不穩定時，就容易發展為戰爭。一般普遍認為衰落的國家，特別會因為焦慮於國力減弱，而有動機先發制人，向敵人發動戰爭。

1941 年 12 月日本攻擊美國珍珠港，加入第二次世界大戰。對比當時的美國與日本，美國已經走出經濟大恐慌造成的經濟衰退，景氣也慢慢復甦。另一方面，日本則陷入經濟衰弱，有以下幾個原因。

首先是能源問題。當時日本從美國進口石油，美國卻決定停止供應。但日本 70% 的石油進口仰賴美國，如果石油供應被切斷，即使動用國內儲備量來彌補短缺，預計 2～3 年內就將耗盡。

其次則是軍事戰力的問題。1939 年，第二次世界大戰在歐洲爆發時，因為美國部分的軍力轉向歐洲戰爭，所以從太平洋地區日本和美國所擁有的戰艦和航空母艦看來，雙方軍力差距不大。但是，美國想藉由自身大國的經濟實力增強太平洋地區的軍事力量。因此幾年之後，太平洋地區的軍力局面就快速變成對日本不利。

有鑑於此，**日本認為在與美國之間的差距擴大之前，搶先發動戰爭才是明智之舉**。正因為自知國力低下，現在宣戰對自己才有利。日本的行動與決定正體現了權力轉移理論。

以展望理論評估風險

我們以另個理論「展望理論」說明加入勝算低戰事的理由。這是由丹尼爾‧康納曼（Daniel Kahneman）和阿默斯‧特沃斯基（Amos Nathan Tversky）提出的理論[1]，兩人也因此

---

1 編按：前者被譽為行為經濟學之父，於 2024 年 3 月逝世。後者為以色列著名心理學家，聞名於認知心理學和行為經濟學領域。

圖 6-5　展望理論的示意圖

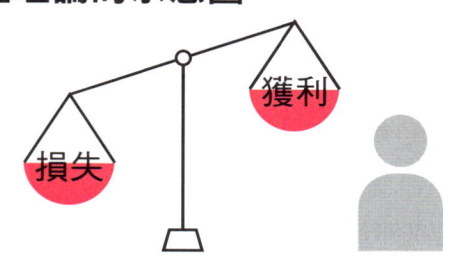

在知道損失可能很高的情況下，
人們傾向採取高風險的行動

在 2002 年榮獲諾貝爾經濟學獎。

　　以行為經濟學為基礎的展望理論，是指當人們遭受損失時，往往會傾向做出冒險的行為。同時，人們有低估發生機率高事件和高估發生機率低事件的心理傾向。

　　大家最容易理解的例子就是「樂透」。要中 1 億元樂透的機率非常小，但是人們卻常常有「說不定中獎的就是我」的非理性、偏頗的判斷。許多人在日常生活中，常常會錯估機率，做出錯誤的選擇。

　　那麼，我們不妨來思考當時的情況。

　　首先，事實上當時日軍委託多位有力的經濟學家模擬，評估日本國力是否足以打敗美國。許多經濟學家都回答：「打不贏。」日本軍方也知道，由於兩國實力懸殊，一旦爆發戰爭，日本打贏的機會微乎其微。因此，日本當時只有兩個選擇。

日本的兩個選擇

① 不要發動戰爭
② 發動戰爭

① 不發動戰爭的話，日本會因為美國實施的資金凍結、石油禁運等經濟制裁，導致國力日益弱化，這樣下去2～3年內就得向美國屈服。即便希望透過避免發動戰爭，防止國家遭受毀滅性的打擊，但上述情況仍是無可避免。

② 發動戰爭的話，雖然日本戰敗的機率非常高，但是仍有微乎其微的戰勝機會。

也就是說，一旦日本占領東南亞，就可以削弱英國在亞洲的勢力。這個假設的前提是：軸心國盟友德國有高度可能在歐洲戰線上取得勝利。如此一來，美國就少了繼續與日本作戰的誘因，甚至可能選擇停戰，以對日本有力的形式，選擇與日本和解。

① 勢必有損失；② 雖然成功機率渺茫，但開戰或許能帶來更好的結果。

展望理論更重視發動戰爭後（機率很低）的獲利，而不是（機率很高）的損失。選擇發動戰爭的風險非常高，但是這個選擇卻被昇華為冒險精神，能夠解釋日本當時為什麼會走向戰爭。

要是不考慮冷冰冰的機率理論，而是思考當時日本是出於心理壓力，高估了自身獲勝的機會，也許更容易理解日本為什麼參戰吧！

第6堂課中從總體經濟學的角度看待戰爭。想必大家現在一定都發現戰爭與經濟有著密不可分的關係。

世界各地目前仍持續發生戰事和衝突。如果能夠從總體經濟學的角度來審視，而不被情感或意識形態所綁架的話，就應該能保持冷靜客觀的判斷，不輕易被世界氛圍所影響。

Special lessons

課後學習

財政政策

如何大幅改善經濟？

透過公共工程和減稅，重振經濟

由國家實施財政政策

景氣一般總有波動起伏，好與壞也會反覆交替。如果景氣一直都不錯是好事，但偏偏現實並非如此。

經濟不景氣時，愈來愈多商品賣不出去、愈來愈多人民找不到工作，許多人因此陷入財務困境。這時，政府多半會採取兩項措施，盡快讓景氣好轉。

第1項政策是第2堂課提到的「貨幣政策」。前面已經解釋過，央行會透過購買政府公債、調整利率來試圖控制景氣；另項措施則是「財政政策」，也就是這堂課後學習的主題。**所謂的「財政政策」，就是政府利用金錢（＝財政收入）來改善人民的經濟生活環境，進而調節景氣。**

學生 所以中央銀行透過貨幣政策來振興經濟，政府則透過財政政策來改善景氣。是這樣嗎？

沒錯，就是如此。我們將在這堂課解釋兩者的差異。首先來看看調節景氣的財政政策類型。主要有以下兩種。

① 公共工程

政府會開展興建道路、下水道、防災設施等有利於人民日常生活的事業。這不僅會提高人民的生活水準，**經濟不景氣時還能創造新的就業機會，促進就業率提升，使賺錢更容易，進一步刺激經濟。**

例如，日本政府正在努力透過整備、建設新幹線、高速公路、一般道路等日常生活的基礎設施，創造有利的經濟環境。建設基礎設施不僅可以創造就業機會，也可望吸引企業在近處設廠，促進物流發展。

日本近期的公共工程項目之一是北海道新幹線（運行於新函館至札幌之間）。預計 2030 年通車，[1] 耗資約 1 兆 5,000 億日圓。政府希望透過大型公共工程項目，振興北海道陷入困境的地區經濟。

政府預計這項公共工程的經濟效益可以達到 2 兆 5,000 億日圓左右，大約是成本的 1.7 倍，並創造大約 19 萬 7,000 個就業機會。不過，是否能夠達到預期的經濟效益仍是未知數。要是成效不佳，可能變成蚊子館，也是有這種難處。

② 減稅

政府徵收的主要稅種有：所得稅、營業稅和消費稅等。

經濟不景氣時，政府為了刺激經濟會減少繳納個人所得

1　編按：根據 2024 年 5 月 16 日的日本媒體報導顯示，建設此北海道新幹線的主體「鐵道建設、運輸設施整備支援機構」（JRTT）告知國土交通省，延伸至札幌站的區間因隧道工程產生的沙土處分地和沒有預期遇到的岩塊處理等問題，在「2030 年年度」開通有困難，預期需要延遲 3、4 年才完工。

稅、公司營業稅等。**政府希望藉由減稅措施，鼓勵個人增加消費、改善企業利潤**，進一步刺激消費和投資。

目前日本政府正在實施各式各樣的減稅措施。舉例說明，1960 年代後半期，日本經濟快速成長，人民收入增加、物價上漲，政府的稅收因此提高。但是，收入增加等於要繳更多稅，抵銷了收入增加帶來的好處。因此，當時政府實施所得稅減稅政策，減輕民眾負擔，獲得了一定程度的效果。

此外，1997 年自民黨首相橋本龍太郎所領導的政府實施了定額減稅政策。這項減稅政策是為了應對山一證券倒閉[2]和亞洲金融危機導致的經濟衰退，減稅總額高達 2 兆 8,000 億日圓。換算成所得稅、住民稅[3]，等於每人每年可減稅 3 萬 8,000 日圓，讓人民十分有感。

政府怎麼編列國家預算？

施行公共工程和減稅是國家的財政政策。**政府會向民眾徵稅、販售公債來支付國家建設的費用**。那麼，政府究竟在公共工程和減稅措施上，下了多少投資？

圖 7-1 是 2024 年日本政府預算的多層圓餅圖。左邊代表國家的支出（＝歲出），右邊代表國家的收入（＝歲入）。不如把國家預算想像成家庭收支，應該更容易理解。我們來看

2　編按：山一證券與野村、大和、日興證券並稱為「日本戰後四大證券」，因為投資失利，加上泡沫經濟崩潰，導致公司鉅額虧損，負債最後累積達 3 兆日圓。

3　譯註：居住在日本、在日本工作，住滿一年後就需要根據前一年的工作所得繳交住民稅。依照居住地的不同，計算比率有所差異。

圖 7-1　日本政府 2024 年會計年度預算占比

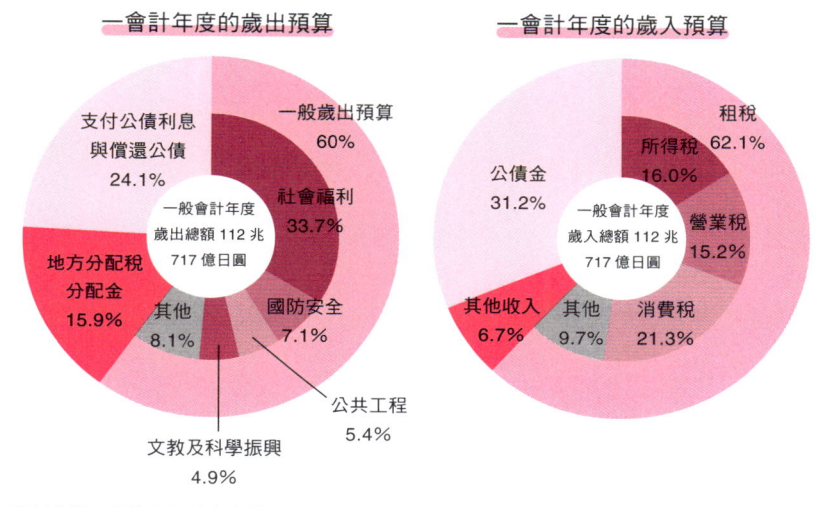

一會計年度的歲出預算

- 支付公債利息與償還公債 24.1%
- 一般歲出預算 60%
- 社會福利 33.7%
- 國防安全 7.1%
- 公共工程 5.4%
- 文教及科學振興 4.9%
- 其他 8.1%
- 地方分配稅分配金 15.9%

一般會計年度歲出總額 112 兆 717 億日圓

一會計年度的歲入預算

- 租稅 62.1%
  - 所得稅 16.0%
  - 營業稅 15.2%
  - 消費稅 21.3%
  - 其他 9.7%
- 公債金 31.2%
- 其他收入 6.7%

一般會計年度歲入總額 112 兆 717 億日圓

資料來源：根據日本財務省「2024 年年度預算要點」的內容製表

看這些錢是怎麼分配與利用的吧！

政府的歲出預算大約是 112 兆日圓。其中包括社會福利、國防安全、償還公債的經費等。但是，就「調節經濟」的角度來看，公共工程最重要。2024 年日本政府在公共工程上投入的金額大約是 6 兆日圓。也就是說，政府內部正在研擬如何使用 6 兆日圓預算，來提振經濟等議題。

另一方面，也來看看歲入預算。該金額與歲出預算相同，都是大約 112 兆日圓。細項則可大致分為稅收和公債。

政府向人民徵收所得稅、營業稅和消費稅，徵收的稅金會成為政府預算。想刺激經濟時，政府就會試圖減稅。

其中，最有效的措施是減免所得稅和營業稅。如果降低所得稅，個人繳稅額度會減少，實際獲得的薪資會增加；如果降低營業稅，企業就能獲得更高的稅後利潤。

課後學習　財政政策如何大幅改善經濟？

學生 降低消費稅沒有效果嗎？

消費稅也是重要的稅種之一，但是要透過暫時降低消費稅來應對經濟衰退，難度相對高。因為一旦降低稅率，要再次提高會很難獲得民眾的理解。因此就現實層面來考量，這個方法比較困難。

為了刺激經濟，政府會實施公共工程和減稅。在接下來的課後學習中，我們將會深入探討這兩項措施可以帶來的具體效果。

財政政策比貨幣政策更好懂

執行時間和預期結果都不同

學生 我想第 2 堂課學到的貨幣政策也是刺激經濟刺激的措施,財政政策跟貨幣政策有什麼不一樣?

沒錯,兩者都可以刺激經濟,但政策實施的時間與政策所引發的效果都不同(見圖 7-2)。

首先,**因為實行財政政策需要先編列預算,所以實施時間比貨幣政策來得長。**

圖 7-2 財政政策與貨幣政策的差異

	財政政策	貨幣政策
時間	須經由國會決議通過,因為有相關程序規定,需要比較多作業時間	政策的執行情況以「月」為單位,可快速判斷
效果	聚焦對象,實施公共工程與減稅	以全民為對象,透過控制貨幣數量與調整利率來達到目的,但不一定能發揮作用

學生 編列預算要花這麼多時間?

圖 7-3　比較「法定預算」和「追加預算」

	法定預算	追加預算
法律依據	《憲法》	《財政法》
編列時間	大約 9 個月	大約 1 個月
國會審議時間	大約 2 個月	數日～到數週不等
編列標準	根據前年度的法定預算為基礎	以因應緊急狀況估算出的費用為基礎
過去 10 年的規模	平均 96.4 兆日圓	平均 10.6 兆日圓

　　日本政府編列的預算可分為「法定預算」和「追加預算」兩種（見圖 7-3）。

　　法定預算是國家該年度的預算。日本各部會單位在制定下一會計年度的法定預算時，相關程序如下：前一年 4 月左右各局處開始進行初步規畫，並於 8 月左右向財務省提出下個年度要執行的計畫與相關預算金額（概算要求）。財務省會仔細審查內容，到了 12 月時向國會提出下個年度的法定預算草案。大約在隔年 3 月左右，國會才會審議、成立。因此，所有法定預算的流程大概需要 9 個月才能完成編列。

　　另一方面，追加預算是為了因應這個會計年度內發生的意外事件或變化，在短時間內緊急編列的預算。例如，在年度發生災難、流行性傳染病、經濟危機都適用追加預算。通常會在 1 個月左右內決定預算的內容和規模。追加預算的角色是編制額外的預算，應對法定預算無法處理的情況。

　　追加預算通常會在每年 11～12 月制定，相較於法定預算，更能快速通過。只是仍舊與法定預算一樣，需要向國會說明內容與計畫的必要性。不管是何者都需要各種流程和作

業時間才能確定，所以無法立即實施。

但是另一方面，日本央行每年會舉行 8 次政策決定會議來討論貨幣政策。由於貨幣政策的執行多半是以「月」為單位，所以實行的時機比財政政策來得更快。

因此，即使出現經濟變動徵兆，也無法透過財政政策立即行動。相較之下，貨幣政策的特色是能更靈活採取措施。

財政政策會針對明確目標實施

從政策效果來看，財政政策與貨幣政策也不同。

財政政策的對象相當明確，可直接將錢撥進公共工程和減稅。公共建設可明確指定在哪個地區進行，若是減所得稅也能以所得金額為基準，進而針對特定收入族群實施。

另一方面，貨幣政策則由央行增加或減少貨幣流通量和上下調整利率，間接鼓勵民間的消費和投資。基於此，貨幣政策實施的對象並不明確。就像第 2 堂課提到的，經濟不景氣時，企業與個人都會擔心日後的業績和生計。即使央行進行購買操作並降低利率，或許也無法刺激企業有跟銀行貸款的需求。因此，實行貨幣政策無法確定資金是否流回企業，也無法確保會按照預期般有效刺激民間的消費與投資。

學生 原來如此。這表示財政政策能針對特定執行政策，但我直覺認為財政政策的效果似乎不是那麼好……

確實如此，你說得沒錯。近年來，大家確實相當質疑財政政策的成效。接著詳細說明為什麼財政政策的效果不明顯吧！

為什麼大家不期待公共工程？

公共工程如何影響經濟？

下頁圖 7-4「日本總體經濟金融模型」顯示「乘數」（＝政府支出乘數）的變化。這代表政府花費的錢（假設有 1 兆日圓），對日本整體經濟產生多少效益（多少兆日圓）。

政府支出乘數通常大於 1。這個數值愈高，代表財政政策刺激私人投資和消費的效果愈好。

從數據來看，1960～1970 年代的政府支出乘數超過 4，數值相當高，但數值隨著時間流逝逐漸下降，到了 1990～2000 年代，政府支出乘數的數值已經掉到 1～2 左右。

這股趨勢至今仍然沒有改變。與過去相比，公共工程對於刺激經濟的有效性已經顯著下降，即使進行公共工程，對民間投資和消費所產生的經濟效益也愈來愈小。

為什麼公共工程刺激經濟的效果愈來愈差呢？首先，雖然人民的所得因為公共工程而增加，但稅收和社會保險的負擔也同時變重，所以家庭的實際可支配收入並沒有變很多。結果，把賺到的錢用於消費的金額，並沒有像以前那麼多。

此外，在全球化的今天，對外貿易的比重愈來愈大，國內消費的比重則愈來愈小，這也是消費帶動效益低落的原因之一。所以大家會覺得財政政策的效果不明顯沒有錯。

圖 7-4　日本總體經濟金融模型的乘數變化

公開日期 （ ）內為統計區間	政府支出乘數	
	第一年	第三年
1967（54 年度～65 年度）	2.17	5.01
1970（54 年度～67 年度）	2.02	4.51
1974（57 年度～71 年度）	2.27	4.42
1976（60 年度～73 年度）	1.85	—
1977（65 年度～75 年度）	1.34	2.77
1981（67 年度～77 年度）	1.27	2.72
1985（66 年度～82 年度）	1.47	2.72
1987（75 年度～84 年度）	1.35	2.18
1991（79 年度～88 年度）	1.39	2.33
1994（83 年度～92 年度）	1.32	2.13
1998（85 年度～97 年度）	1.31	1.97

公開日期 （ ）內為統計區間	政府支出乘數	
	第一年	第三年
2001（85 年度～00 年度）	1.50	1.77
2003（85 年度～02 年度）	1.30	1.77
2004（85 年度～03 年度）	1.24	1.71
2007（90 年度～05 年度）	1.19	1.92
2008（90 年度～05 年度）	1.18	2.05
2011（90 年度～07 年度）	1.20	2.01
2015（80 年度～12 年度）	1.17	1.74
2018（80 年度～16 年度）	1.13	1.47

1990～2000 年代，
政府支出乘數降到 1～2 之間

資料來源：根據三平剛〈乘數效果低落原因〉的內容製表

為什麼以前的公共工程能大幅影響經濟？

學生　財政政策的效果不佳，是不是還有其他原因？

確實還有其他原因，主因之一是：其實我們的生活並沒有那麼需要公共工程（見圖 7-5）。如果和過去相比，大家應該比較容易理解吧！

例如，1960～1970 年代，日本透過公共工程建設了高速公路、新幹線等大量基礎交通設施。

當時的背景是第二次世界大戰結束後，日本道路處於嚴重失修的狀態。1956 年美國沃特金斯調查團報告（The Watkins Report）指出：「日本道路品質極差。世界上沒有哪

個工業國家像日本一樣，完全忽視道路網絡。」由此顯見日本當時的公路狀況極慘無比。

缺乏社會基礎設施，對於經濟成長來說是一大障礙，因為等同於物流配送網絡不成熟。

當時，日本政府藉由建設一般公路、東海道新幹線、山陽新幹線、東名高速公路、首都高速公路，形成促進經濟活躍的良性循環。

隨著新幹線、高速公路等社會基礎建設完備，企業就可以興建新工廠，大幅提升生產效率。這也是為什麼以前基礎建設帶動的經濟效益這麼巨大，日本經濟得以在高成長時期快速茁壯的原因。

圖 7-5　公共工程的效果變化

過去	現在
建設道路與新幹線來完備日本國內的交通網絡，物流因此更發達	道路與高速公路已十分完善，公共工程的需求不大
＋	＋
企業開始興建新工廠	就算開通新幹線等交通設施，使用者也不多，無法振興企業活動
UP!! ⬇	DOWN… ⬇
提高生產效率、提升 GDP	生產效率與 GDP 都無法有效提升

為什麼近期的公共工程經濟效益低？

那麼,近期的公共工程又如何呢?與處於經濟高成長時期的 1960 年代相比,近年來的專案數量一直在減少,專案成本則在過去 10 年間大致保持不變。目前日本正在鋪設道路、整建高速公路,因此實施全新大型公共工程的機會愈來愈少。

最近已實施的新幹線建設,包含 2016 年部分開通的北海道新幹線(通行青森縣青森市~北海道旭川市之間),以及 2015 年開通的北陸新幹線(通行長野~金澤之間)。但是,這些路線比較像支線,並非主要幹道。也就是說,**大家預期這幾條新開通的路線可能不會有太多人搭乘,帶動企業活動的效果也很有限**。

就算是高速公路,比較急著需要改善的道路已經完工,目前開發的道路其實需求量也不是太高。

即使發展了公共工程,也多半需求性不高,因此刺激經濟的效果愈來愈小。

缺乏新鮮感的公共工程

公共工程的有效性明顯下降的原因之一是缺乏新鮮感。

1970 年代象徵性的公共工程之一是大阪世界博覽會。當時總共有 77 國參展,從世界各地到訪日本的遊客人數大增,創下 6,400 萬人次。這個數字可超過了當時日本國內一半的人口。

這場活動也成為熱門話題,除了岡本太郎的「太陽之塔」和月球上的岩石標本之外,還有展示館介紹日本的未來樣貌。整場活動讓日本國民興奮不已、激動萬分。

不過,**類似世界博覽會的活動如今由民間主辦,並於世**

界各地舉行。像是世界盃足球賽（World Cup），就比奧林匹克運動會（Olympics）更受到全球矚目，更不用說它還是與鉅額資金有關的大型賽事。此外，著名音樂家的巡迴演出（如歌手泰勒絲〔Taylor Swift〕的世界巡迴）也產生巨大的經濟效益。

民間主導了許多令人期待的活動。雖然民間辦活動本身是好事，但也會讓人們覺得最近的公共工程愈來愈沒必要存在。這麼一來，即使一旦政府特別為了大型活動而做了公共工程，但人們造訪當地欣賞的需求變少，不太可能期待成效好。

大阪將於 2025 年再度舉辦世界博覽會，但是或許很難重現 1970 年的盛況吧！

公共工程如何刺激經濟？

學生 那未來要透過公共工程刺激經濟，恐怕是愈來愈難了呢？

雖然現在情勢更為困難，但是如果下功夫處理，應該還是可以發揮振興經濟的效果吧！舉例來說，近年來大家最期待的公共工程項目之一是綜合度假村（Integrated Resort, IR）。在大型複合設施底下，不僅設有賭場，還聚集了飯店、劇院、購物中心、國際會議中心、展覽館等，將許多元素融為一體。

從政治的角度來看，有人擔心這樣的設施會導致賭博成癮；但從經濟的觀點來看，光是建造綜合度假村就能創造大約 1 萬個就業機會。

重點是在賭場周圍興建大型飯店、會議中心、休閒設施等。大家一般容易只留意到賭場，但是實際上光靠賭場為綜合渡假村帶來的外溢效果（spillover effect）有限。**拿夠獲得多少包含從國外來的旅行者，購買日本國內產品的需要，對外溢效果規模的影響比較大**。

大阪將建造一座綜合度假村[4]。目前在新加坡、韓國、澳門等國家都已經展開相關的計畫，國際競爭十分激烈，日本的綜合度假村能否取得預期的效果，仍舊充滿變數。

大阪的綜合度假村計畫要如預期般成功，就必須提供比其他國家既定設施更高、更具吸引力的附加價值。除了提供舒適的硬體設施之外，軟體的經營管理、企畫能力也非常重要。還需要採取適當措施防治賭博成癮的問題，才能獲得希望享受健康娛樂一般民眾的大力支持。

日本的國家總人口不斷減少，基礎社會設施也已發展得相當完善，民間要舉辦大型活動的難度本身也愈來愈高。在目前公共工程帶動外溢效應低下的情況下，如何部分接軌大家備受期待的綜合渡假村專案是如今的現況。

4　譯註：大阪計畫在萬國博覽會的會場（大阪灣夢洲人工島）上興建綜合度假村，並預計於 2024 年度營運。根據 2024 年 9 月的新聞消息指出，開幕時間將延後至 2030 年秋季。

減稅救經濟是正解嗎？

減稅政策曾經有效刺激經濟

公共工程是財政政策的重點之一。現在來看看另個選擇——減稅。

過去，日本的減稅政策曾經發揮了一定的效果。譬如，在被稱為經濟高度成長時期的 1960 年代，就曾經持續實施減稅政策。當時，是企業業績隨經濟成長而不斷擴大的時期，由於收入因薪資上漲而不斷增加，物價也因為通貨膨脹而愈來愈貴。

收入增加表示要繳納的所得稅也增加了。因此，當時提出「所得倍增計畫」的內閣池田勇人為了提升人民的生活水準，透過調整因所得增加而成長的所得稅收，每年實行減稅政策。

學生 人民的收入增加，國家的稅收也會大幅增加嗎？

是的。因為所得稅率會根據收入金額而調整，所以就算薪資增加了，實際拿到的錢也可能不會大幅成長。

池田內閣透過減稅，減輕人民的稅務負擔。如此促進消費、帶動經濟成長，形成良性的循環。

學生 這是多麼美好的時代啊！我好希望現在也可以有這樣

的減稅措施！

但是，最近反而無法期待實施減稅政策就可以成功大幅帶動經濟了。雖然日本從 1990 年代開始實施所得稅減稅政策，卻沒有產生任何刺激消費的效果。

減稅效果不佳的 3 個原因

減稅政策無法成功刺激消費的原因有三。

減稅效果不佳的原因

① 減稅的規模
② 減稅的時機
③ 減稅帶給民眾的印象

首先，減稅效果不佳的首要原因是減稅的規模。

如果減稅人數太多，每個人可以減到的稅額不會太多。**即使政府預算有數千億日圓，但是因為受影響的人數眾多，每個人可以獲得的減稅額度仍然很小。**

舉例來說，對大多數國民減稅 4 萬日圓，就需要大約 5 兆日圓的鉅額預算。就像是全國總共發了 5 兆日圓，每人卻只獲得 4 萬日圓一樣。而且，有些人可能會把這些錢存起來，因此無法確定是否可以為民間投資與消費產生正面的影響。

那麼，為了擴大每個人的減稅金額，把減稅對象從全民縮小到低收入者，會不會更好呢？這樣做其實效果也不大，因為低收入者繳納的稅本來就比較少。即便將前面例子的減

稅金額調整為 10 萬日圓,但有些納稅人本來就只需要繳 1 萬日圓的稅,那麼他們實際減稅的金額也只會是 1 萬日圓。

如果將對象鎖定在中等收入者,而不是低收入者的話,結果又如何呢?由於中等收入者的人數眾多,因此一樣會遇到每個人無法減太多稅的問題。因此,要在減稅規模和減稅對象範圍之間取得平衡,非常困難。

其次,減稅效果不佳的第 2 個原因,則是減稅的時機。

基本上,減稅並不是連續性的政策,而是當年度的一次性政策。**對你我這樣的一般家庭來說,只會覺得一時之間繳納的稅金減少了,卻不會覺得口袋裡的錢變多了**。

假設員工的基本薪資全面調漲,但如果薪資每年都調漲,那就另當別論。不過要是「今年減稅 4 萬日圓,明年就不減稅」,刺激經濟的效果也會大打折扣。

最後,減稅效果不佳的第 3 個原因,則是減稅給一般民眾(家計)的印象。這與第 2 個原因有關。如果從一般民眾的立場來思考日本財政狀況的話,就會想像即使現在減稅,未來可能要加稅,所以**人民會很容易覺得是不是實際上根本沒有減到稅**。

尤其是在日本財政赤字不斷擴大的情況下,即使政府否認未來會進行加稅政策,一般民眾還是會預期不久的將來會增稅。所以大家會把因為減稅得到的錢存起來,而不是拿去消費花掉。

未來無法靠減稅救經濟嗎?

學生 那有沒有效果不錯的減稅措施呢?

圖 7-6　比較 1960 年代與當下的所得稅減稅效果

1960 年代

因為高度經濟成長，稅收因為所得增加而成長，於是政府透過減稅來調整

背景
① 首先，所得＝薪資增加
② 此時減稅，民眾特別有感，家庭經濟變得較有餘裕
③ 比較不會焦慮未來可能的增稅

⬇

促進消費，讓經濟持續發展

1990 年代以後

走過「失落的 30 年」，為了刺激消費，所得稅減稅

背景
① 每個人的減稅金額規模比較少
② 只是暫時減輕繳納稅金的負擔
③ 心裡還是焦慮未來可能要增稅

⬇

消費疲軟，經濟發展持續停滯

事情沒有這麼簡單！除了減稅之外，其他像發放補助的政策也具有相同效果。減稅是減輕稅務負擔的政策，受益的只有納稅人。反觀**補助金則不僅限於納稅人。由於這是針對國民提供補貼的政策，沒有繳稅的人也可以受益**。

特別是低收入者，因為他們自由使用的所得大多回到消費（沒有儲蓄的餘裕），所以補助金大多會花掉。因此發放補助有機會達到刺激消費的效果，此外支持因不景氣生活貧窮的低所得者，從公平性的角度來看，也是應該的。

此外，透過稅收優惠和補助來支持養育小孩的年輕家庭也非常重要。若這些家庭辛勤工作、收入增加，政府與其向他們徵收一部分的所得稅（就像平時徵收所得稅一樣），還不如提供補助金，從國家層面支持他們想工作的想法（＝稱為「稅收優惠制度」），也是支援育兒的有力選項。

那麼你覺得政府該僅僅實施減稅政策，還是也發放補助金，雙管齊下？抱持這個角度觀看電視新聞也很重要。

搞懂經濟學大小事

政府應該提高消費稅嗎？

前面我們討論了減稅救經濟，這裡開始把重點聚焦在消費稅上。不知道你對提高消費稅有什麼想法？

學生 我覺得很討厭，因為這樣每天要買的東西價格會一直漲啊！

確實如此。多數國民都會反對提高消費稅吧！那麼，比起提高所得稅或營業稅，為什麼提高消費稅反而遭受最多的批評呢？原因之一是消費稅是遞減稅（regressive tax）。

學生 什麼是「遞減稅」呢？

消費稅是遞減稅表示，原本每位納稅人都應該公平負擔的部分，卻由收入較低的人承擔較多。因為無論收入高低，所有人都要依照消費金額的比例繳消費稅。

如果每年多負擔1萬元的消費稅，對生活日用品支出在家庭預算中占比很高的低收入者來說，影響更大。因為年收入1,000萬元的人，跟年收入100萬元的人相比，同樣繳納1

圖 7-7　消費稅是遞減稅

如果每年都要多負擔 1 萬元的消費稅……

| 年收入 1,000 萬元的人 | 年收入 100 萬元的人 |

年收入高，所以增加 1 萬元
並不會造成太大的影響

年收入低，
增加 1 萬元的影響極其巨大

↓

購買生活日用品時
不太會受到影響

管控生活日用品的採購，
因此覺得生活負擔很大

提高消費稅後，是否提供低收入者補助等措施，相當重要

萬元的消費稅，對後者的生活負擔壓倒性的大（見圖 7-7）。

也就是說，**提高消費稅並以消費金額平等徵收的話，會增加低收入者的負擔**。

若不針對低收入者做好配套措施，就貿然提高消費稅，想必不滿的聲音會大幅高漲，但這在某種程度上也沒辦法。

因此，在檢討提高消費稅時，是否針對低收入者提供補貼等福利，將會是一大關鍵。事實上，日本在提高消費稅的同時，也如第 262 頁提到的為低收入者提供補貼。此措施是否確實實施，對於國家如何減輕低收入者的負擔將是關鍵。

課後學習　財政政策如何大幅改善經濟？

大家對財政政策的偏見

財政政策的實施受政治偏見影響

為了確保實施有效的財政政策，大家都需要了解「政治偏見」（political bias）的知識。

學生「偏見」是什麼意思？

所謂的偏見（bias）是指思考方式與態度的偏頗。你可能在日常生活中目睹、聽聞：「你有偏見。」這句話的意思表示「你的觀點受有偏失的思考方式和態度所影響」，像是「白人優於黑人」「女性地位低於男性」等觀點，都可視為偏見，也是指有先入為主的觀念。

政治偏見會導致財政狀況惡化

政治偏見就是在政治觀念上以偏概全。實際上，事實上政治偏見會阻礙客觀有效的決策。接下來我將從個人容易產生政治偏見的角度來討論下述內容。

哪些政治偏見毫無根據？又哪些政治偏見正在鼓勵不應該發生的事情？

只要思考經濟衰退期間的情況就很容易理解。經濟衰退時，政府往往容易施行積極的財政政策。因為人民希望政府有所作為，政府也會採取減稅和打造公共工程等措施來促進經濟發展。

而從國家的角度來看，在經濟衰退期間推出的財政政策比較容易獲得人民理解。發生自然災害等緊急狀態時也一樣，人民生活很苦時，大家比較容易同意政府在編列追加預算上，實施追加的財政政策。

但問題是為了脫離不景氣，持續實施財政政策，需要一直投入大量資金。如果政府得一直花國庫的錢，財務狀況就會惡化。

巧婦難為無米之炊。因此**在經濟繁榮之際，政府必須透過增加稅收、削減公共工程來調整國庫的收支平衡**。這是為了維持財政紀律的必要行為。

如果無法維護財政紀律，財政狀況就會不斷惡化。一旦經濟再次衰退，國家沒有能力採取必要措施應對，依賴借款的國家運營破產危機會升高。

日本持續出現財政赤字

請看圖 7-8。此圖表顯示 1975 年以來的日本財政狀況變遷。最上方的桃紅色線代表政府的支出（＝歲出），灰色線則代表收入（＝稅收）。可以看到國家的支出始終大於收入，導致財政長期處於赤字狀態。

特別是**從 1990 年以來，由於國家支出不斷增加、收入卻持平，導致收支的差距不斷擴大**。

圖 7-8　稅收、歲出、公債發行量變遷

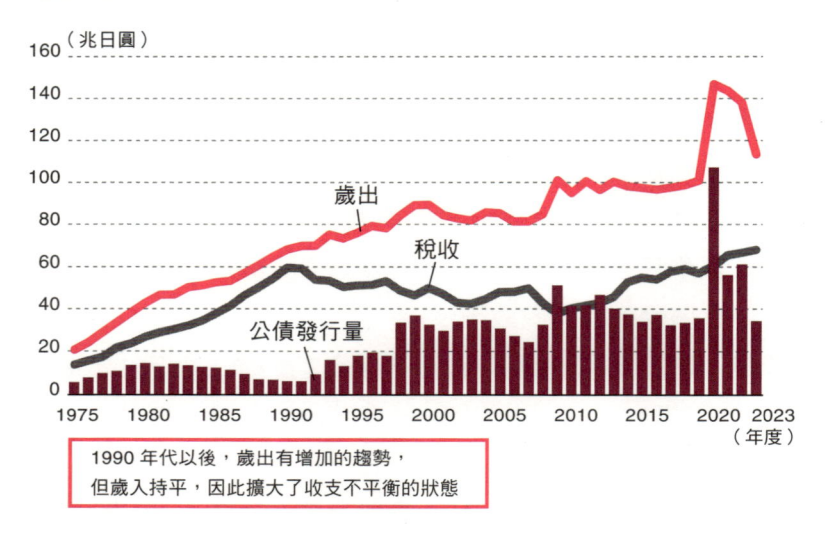

（兆日圓）

> 1990 年代以後，歲出有增加的趨勢，
> 但歲入持平，因此擴大了收支不平衡的狀態

資料來源：根據日本財務省《一般會計年度稅收、歲出總額及公債發行量趨勢》的內容製成

由此可見，日本財政長期處於赤字狀態，而且近年來狀況還變得更加嚴重。

回顧 2020、2021 年，當時政府支出急遽增加，是因為新型冠狀病毒在全球蔓延。為了因應疫情，政府編列了鉅額的追加預算。這筆支出主要是用來發放紓困金給民眾。到了 2022 年和 2023 年，政府也透過發行額外的公債，來編列大規模的追加預算。

日本現在尚未迎來經濟繁榮，要透過增稅、削減政府支出等措施來縮減財政政策，一定會遇到困難。但是，就算人民因為經濟繁榮而變富裕，要實施緊縮的財政政策仍然非常困難。

因為增稅等措施，會強烈增加人民的生活負擔。**人民對**

增稅等措施的厭惡情緒，會產生政治壓力。**以贏得選舉為首要目標的政治人物往往會因此妥協，放棄維持該有的財政紀律**（見圖7-9）。即使在經濟繁榮時期，政府也很難增加稅收或減少支出。這種現象就是所謂的「政治偏見」，時間一久了，就會成為導致國家財務狀況持續惡化的原因。

學生 這樣聽下來，景氣一旦好轉，我們應該要接受一定程度的增稅措施呢！

圖7-9 政治偏見的示意圖

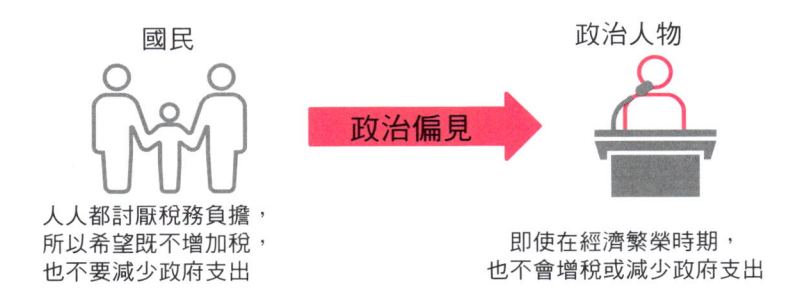

國民　　　　　政治偏見　　　　　政治人物

人人都討厭稅務負擔，
所以希望既不增加稅，
也不要減少政府支出

即使在經濟繁榮時期，
也不會增稅或減少政府支出

國家一直維持在入不敷出的狀態，
財政狀況於是持續惡化

「銀髮民主主義」的政治偏見

還有一種政治偏見叫做「銀髮民主主義」。

所謂的銀髮民主主義，是指銀髮族（年長者）透過政治手段，實現對自己族群有利的政策。

已開發國家中，日本社會算是年長者比例較高的高齡化

社會。如果老年人的人數較多，就可以在選舉中發揮較大的影響力，而在改善現有社會安全福利等政策的重點、預算分配，也會因此傾向滿足年長者的需求。事實上，年輕世代和其他族群往往無法獲得太多有力的政策關注。

舉例來說，自 2022 年起，日本國內 75 歲以上年長者的醫療自付額比率從 10% 提漲到 20%。實際上，這項措施只適用於特定所得且年齡相符的人，這個族群大約只占整體人口的 23%。當初政府曾考慮將更多年長者也納入調漲範圍，但是由於這群人在政治上強烈反對，最終無法確實執行。

雖然與其他世代相比，年長者的工資等收入都比較低，但擁有的資產卻比較多。因此，應該妥善評估年長者的資產，並要求他們承擔相應的負擔。以年長者為中心的社會福利增加，但他們的負擔卻沒有明顯增加，如此一來，錢就會比較難花在育兒、都市基礎建設等針對未來成長的投資上。

維持財政紀律的目的是為了確保未來所需的必要預算。但是，年長者眼見自己壽命比年輕人短，而不太能感受維持財政紀律的重要。畢竟，他們覺得自己不太可能享受到未來政策的好處。

因此，**一旦年長者選民的人數增加，國家就會愈來愈難維持財務紀律**。

學生 所以，我們必須深入了解：一旦年長者的意見愈來愈強勢，他們的政治偏見作用也會愈強。如此一來，大家應該要仔細觀察國家正在推行什麼政策。

沒錯，正是如此。在這堂課後學習，我們已經一起研究

了促進經濟發展的財政政策。

正如我所解釋的，光是增加公共工程的數量、光是擴大減稅規模，其實都無法改善經濟。

由於日本經濟仍處於低成長狀態，透過財政政策來刺激消費需求的強度有限。此外，再加上考慮到財政赤字不斷擴大的嚴峻情勢，日本政府需要明智地制定財政政策，並且強調財政支出的品質，而非數量。

譬如說，政府可以將公共工程的重點放在刺激民間的經濟活動上。公共工程的項目也不應該分散，而是應該集中在具國際競爭力的產業或地區。像是加強主要港口的設施、改善主要城市的機場設備等，如此一來，就有機會產生廣泛的外溢效益。面對當前欲振乏力的景氣，日本需要的並非短期刺激經濟的對策，而應該把目光放遠，有意識的思考哪些財政政策才可以促進未來的經濟發展。

後記

　　謝謝大家讀到最後。

　　這本書是總體經濟學入門書，希望可以透過具體的事例清楚解釋總體經濟學的基本原理和規則，讓大家可以在 3 小時內就讀完。

　　本書所假設的經濟理性（人類總是做出理性選擇）和完全競爭的市場（假設是自由競爭），在實際的經濟社會中，並非總是成立。不過，了解「價格由供需相對關係決定」，這是可以應用到各種領域的基本經濟學原理，對我們非常有幫助。無論是商品價格與資產價格會如何變動？未來景氣又將如何發展？經濟是否有可能復甦？央行的貨幣政策會如何影響我們的生活？全球化到底是好還是壞？只要掌握了這些總體經濟學的原理和原則，大家就能憑藉著經濟學的想像力，深入思考各種情況。

　　希望這本書多多少少能夠幫助大家培養獨立思考經濟議題的能力。

2024 年 3 月東京大學名譽教授　井堀利宏

附錄:台灣情況

第 1 堂課　通貨膨脹與泡沫經濟的基本知識
1-1　台灣的標準方案收費從 2016 年每月 330 元,到 2025 年 2 月 18 日為止漲價為每月 380 元,在 9 年間漲價 15%。

第 2 堂課　復甦經濟的貨幣政策
2-1　台灣央行每年開 4 次會,稱為「中央銀行理監事聯席會議」,2025 年預計開會時間為 3 月 20 日、6 月 19 日、9 月 18 日、12 月 18 日。

2-2　台灣根據《中央銀行法》第 5 條規定,央行理監事共 11-15 人,以行政院報請總統任命,並指定其中 5-7 人為常務理事,組織常務理事會。除總裁、財政部長及經濟部長為當然理事外,並為常務理事外,應有實際經營農業、公商業及銀行業至少各 1 人。除當然理事外,理事任期為 5 年,期滿得續派連任。目前總裁為楊金龍,從民國 107 年 2 月任職至今。

2-3　根據中央存款保險公司所示,自民國 100 年 1 月 1 日起,台灣民眾存款保險最高金額為新臺幣 300 萬元(台灣國內同一家要保機構的新臺幣及外幣存款之本金及利息,受到存款保險保障的最高額度)。

第 5 堂課　全球化停滯了嗎?國際貿易的新結構
5-1　台灣於 1990 年正式向 GATT 提出入會申請,1992 年成為觀察員。歷經 11 次入會談判,於 2002 年 1 月 1 日以「台灣、澎湖、金門、馬祖個別關稅領域」,副名「中華台北」的名義,正式加入 WTO,是 WTO 第 144 個正式會員。

5-2　使用「稅則稅率綜合查詢作業」(https://portal.sw.nat.gov.tw/PPL/index)並致電詢問關稅局(02-25505500#1015)確認得知,台灣進口鮮蘋果的國定稅率可分為 3 種。第 1 欄 WTO 會員國採 20% 關稅;第 2 欄是特別簽署的某些國家,例巴拿馬、瓜地馬拉、尼加拉瓜等採取免稅;而不屬於第 1、2 欄的第 3 欄的 50% 關稅,則有北韓。

第 6 堂課　從經濟學看戰爭
6-1　台灣曾分別發表聲明。中華民國外交部發表《釣魚臺列嶼主權聲明》,表示釣魚臺列嶼是台灣的附屬島嶼,其行政管轄隸屬宜蘭縣頭城鎮大溪里。無論從歷史、地理、地質、使用與國際法來看,釣魚臺列嶼都是中華民國的固有領土。

〔圖解〕東大教授的總體經濟學課

作者	井堀利宏
譯者	蔡緯蓉
商周集團執行長	郭奕伶
商業周刊出版部	
總監	林雲
責任編輯	林亞萱
插畫	Yumiko Yaco
封面設計	李東記
內頁排版	中原造像股份有限公司
出版發行	城邦文化事業股份有限公司 商業周刊
地址	115 台北市南港區昆陽街 16 號 6 樓
	電話：（02）2505-6789 傳真：（02）2503-6399
讀者服務專線	（02）2510-8888
商周集團網站服務信箱	mailbox@bwnet.com.tw
劃撥帳號	50003033
戶名	英屬蓋曼群島商家庭傳媒股份有限公司城邦分公司
網站	www.businessweekly.com.tw
香港發行所	城邦（香港）出版集團有限公司
	香港九龍九龍城土瓜灣道 86 號順聯工業大廈 6 樓 A 室
電話	(852) 2508-6231 傳真：(852) 2578-9337
E-mail	hkcite@biznetvigator.com
製版印刷	中原造像股份有限公司
總經銷	聯合發行股份有限公司 電話：（02）2917-8022
初版 1 刷	2025 年 4 月
初版 3 刷	2025 年 4 月
定價	400 元
ISBN	（平裝）978-626-7678-02-2
EISBN	9786267678008（PDF）／9786267678015（EPUB）

CHOUSOKU KEIZAIGAKU NO JUGYOU
Copyright © Toshihiro Ihori 2024
Illustrated by Yumiko Yaco
All rights reserved.
Original Japanese edition published by ASA Publishing Co., Ltd.
Traditional Chinese translation copyright © 2025 by Business Weekly, a Division of Cite Publishing Ltd.
This Traditional Chinese edition published by arrangement with ASA Publishing Co., Ltd., Tokyo, through The English Agency (Japan) Ltd. and AMANN, CO., LTD.

國家圖書館出版品預行編目 (CIP) 資料

〔圖解〕東大教授的總體經濟學課：了解國家的經濟運作，如何影響企業發展、物價漲跌和你我的投資理財／井堀利宏作；蔡緯蓉譯. -- 初版. -- 臺北市：城邦文化事業股份有限公司商業周刊，2025.04
　面；　公分
ISBN 978-626-7678-02-2(平裝)
1.CST：總體經濟學 2.CST：問題集
550.22　　　　　　　　　　　　　　　　114000905